CONTENTS

Success 15 2

http://success.waseda-ac.net/

サクセス15
February 2020

表紙：お茶の水女子大学附属高等学校

入試直前！

受験生が「いま」できること

さあ挑戦だ！

入試が目の前に迫ってきました。でも、まだ時間はあります。これまでの努力を「直前の伸び」につなげることはできるのです。ここにきての伸びは小さな伸びかもしれません。しかし、それは大きな自信となります。そして最高の結果として花開くことにつながります。

このページでは、あなたのここからの伸びにつなげるために、「いま」できることを考えることにします。さぁ、ラストスパートです！　あなたの挑戦、みんなが応援しています。

さぁ挑戦だ！

入試直前！受験生が「いま」できる

ラストスパートはスコアメイクを考えて

塾の冬期講習会では、各科目の重要単元の総復習を行い、蓄積してきた知識と考え方の整理が行われたことと思います。そして、いまあなたの机の上では、これまで身につけた力をしっかりと発揮できるよう「本番演習→見直し」を繰り返し、入試当日の得点力を高めていることでしょう。

そのようなスコアアップの努力と同時に、この直前期には「スコアメイク」にも目を向けてほしいのです。

スコアメイクを意識することによって、さらにスコアアップを望むことができます。

「えっ、スコアメイクってなに?」と思われた方もおられることと思います。いえ、難しいことではないので安心してください。それではスコアメイクについて、詳しく説明していきます。

いま行っている「本番演習」では、受験校の過去問や、志望校の入試傾向に即して塾が制作してくれた類題集を解いていることだろうと思います。

市販の過去問集の巻頭や巻末には、設問ごとの正答率と合格者平均点、合格最低点などが掲載されています。

過去問を解き終えたら、それらの情報とよく見比べてください。

各校おしなべて正答率50％以上の問題を正解していけば、合格最低点に近いスコアが取れることに気づくはずです。また、正答率50％以上の問題は、決して難しい問題ではないことにも気づくでしょう。

正答率が高い問題を見抜く合否は総合点で決まる

じつは、入試問題の各設問は、難度にばらつきが出るように作られています。そうしないと、多くの受験生のスコアが同点になってしまい、合否を分けられなくなるからですね。

つまり入試問題には、合否に関係のない難問も含まれていることになります。そんな問題は、それを難問に感じない受験生に任せておけばいいのです。

ということは、過去問とつきあっていくなかで、正答率50％以上の問題を選ぶ目を養えれば、それを先に済ませ、さらに難しい問題はそのあとでチャレンジしていけばいいということになります。

各校の難度にもよりますが、各校の入試問題では正答率50％以上の問題が約半分といわれます。それらの問題を丁寧に解いて

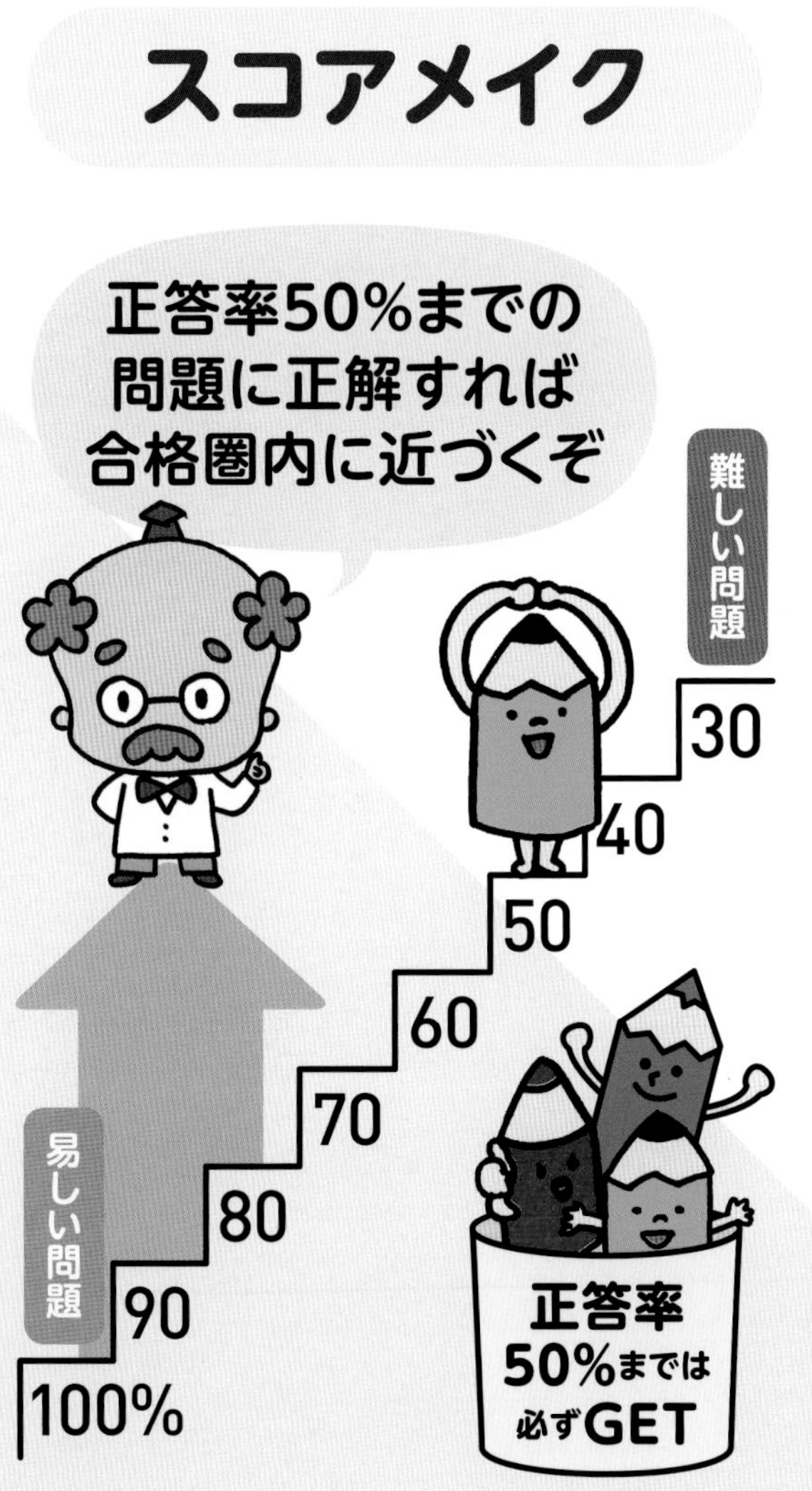

モノにしていけば、500点満点のうち250点は取れることになります。

　合格圏に入るには500点満点のうち300点〜325点を取ればいい、とされていますから、あと少しです。次にやや難しい正答率40%以上の問題、正答率30%以上の問題に移っていけばいいのです。

　今日からは、過去問を解いていくなかで、正答率が70%や60%の問題など、50%以上の問題を見抜く力をつけましょう。

　これは、逆にいえば「捨て問」を見抜く目を養うことでもあります。ここでいう「捨て問」とは、正答率が低い問題、つまり難しい問題は「捨てる」、「手をつけない」ということです。

　1つの学校の出題傾向は、そう変わるものではありませんから、過去問を、正答率に気をつけて見ていけば判断できるようになります。

　過去問を見て見分けるクセがついたら、類題集でも、その選択眼を試してみましょう。「できる問題」「解ける問題」は必ず正解する、得点する。これがスコアメイクです。

　そしてもう1つ、忘れてほしくないのは、勝負は入試全科目の総合点で決まるということです。

　先ほど「合格圏に入るには500満点のうち300点〜325点を取ればいい」と言いましたが、ある科目で50点しか取れなかったとしても、得意なほかの科目で80点が取れれば、その2科目を合わせて2で割ると、それぞれ65点となり、合格圏に十分届くステージに戻れるということです。

　入試のその日、ある科目でどんなに失敗したとしても取り返すことはできます。決して落ち込むことなく、1日を乗りきってほしいと思います。

失敗しても落ち込まない 次でリベンジすればいい

　いま、「失敗しても落ち込まない」という話をしました。

　ここからは、その日までの「心の持ちよう」、メンタル面の話に移ります。

　入試直前となり、「もう大丈夫、自信満々」という人は少ないと思います。そんな人はいない、といってもいいでしょう。

　そうではない人の一番の悩みは、「まだ、あそこの対策が足りない」「あの手の問題が苦手」「点が取れない問題がある」といった「不得手」「弱点」の克服ができていないということだと思います。

　この時期、不足なことばかりに目がいきがちです。合格と不合格しかないのが入試ですから、どうしても「不」が気になるのですね。

さぁ挑戦だ！

入試直前！
受験生が「いま」できること

不安なことは気にしない！ストレスこそが最大の敵！

じゃあどうしたらいいのか。簡単な方法があります。

　それは、気にしないことなのです。やり過ごすのです。それでは「身もフタもないじゃないか」と思われるかもしれませんが、これ、メンタル面ではとても効果があるのです。

　学習意欲を削ぐ要因として、最も大きいのはストレスです。この時期、不足なことばかりに目がいってしまうのって大きなストレスじゃありませんか。

　ここをやり過ごすことによって、ストレスは大幅に減ります。

　ここからの短い時間で、不得意な分野を克服できる保証はありません。それなら、得意な分野をさらに上乗せしておく方が効率もいいし、気持ちも明るくなるでしょう。

　要は、目標を見直し、最終目的の合格だけを見据えて、「あの問題が解けない」「この単元がわからない」といった考えは、いったん忘れることです。

　そして代わりに長所を伸ばす、ということに重心を移せばいいのです。

　弱点は弱点として、そこに自分の弱点があることを正しく認識したうえで、そのことを「病み」にしないことが大切です。

　もし、入試で弱点分野が出題されたとしても、自分の弱点として、しっかり認識しているのですから、さっさと「捨て問」としてしまい、得意と認識している分野の問題で得点できればいいのです。自分が得意な問題が、ほかの受験生にとっては難問だという場合だってありえます。

　この考え方は、先ほども触れましたが、弱点分野で失敗しても、ダメだと思わず、次で取り返すぞと前を向くことです。

　その気の持ちようが、合格に一歩も二歩も近づく、次の問題に立ち向かう気力となります。

◇

　ここまで、みなさんはよく頑張ってきました。受験があったためにできなかったこともたくさんあったでしょう。

　しかし、受験があったために気づかされたことも多くあったと思います。それはこのあとのステージできっと役に立つ糧となるはずです。

　あと少しで、あなたの前には新たな世界が広がっていきます。様々な出会いも待っています。

　さぁ、そこに踏み出すための挑戦が始まります。

長所をのばして確実に合格をつかみ取ろう！

「その日」を迎えるために保護者が「いま」できること

前のページまで、受験生本人が「いま」できることについて、スコアメイク法や心がまえをお話ししてきました。変わってこのページでは、この直前の時期、受験生の保護者は、家庭でどうサポートしていけばいいのか、「いま」できることを考えてみます。

「ああ言えばプイッ」は受験生ならみんな同じ

いよいよ、その日が近づいてきました。

このページでは、保護者はどのように「その日」までを過ごしたらいいのかに焦点をあてます。

もちろん、受験生との日々の過ごし方についてです。受験生は中学3年生ですから、思春期真っ只中、第二反抗期に入ってもいますから、とても難しい時期だとお感じになっているご父母がほとんどかと思います。

「ああ言えばプイッ」、「こう言えば無言」という受験生もいるでしょう。この時期、にこやかに親と談笑してくれる受験生の方が少ないのです。そう、お隣の受験生も同じなのです。

これは、大人に「なりかけ」のお子さんと、保護者にとっても必要な試練のときだと考え、細かく干渉はしないで、リビングに出てきたときに、どのようにサポートできるかを考えましょう。

ストレス解消がポイント否定形での助言はNG

これからの時期、受験生のいる家庭は独特の雰囲気に包まれます。緊張感そのものです。冬期講習会も、模擬試験の結果返却も、いまはもう、すべて終わっています。あとは受験生たった1人の戦い、まさに臨戦態勢に入っているのです。

受験生個々は、周囲の競争相手が見えなくなり、戦っている相手は自分だけという感覚に襲われます。

いっしょに歩んできた保護者にも、受験生の感情がびんびんと響いてきて、気持ちが張り詰めてきます。受験生に弟妹がいよ

さぁ挑戦だ!

「その日」を迎えるために保護者が「いま」できること

うものなら、その矛先は彼らに向き、小さな家庭内トラブルが発生したりもします。

そんなバトルの声が勉強部屋にも聞こえ、そうなると受験生のストレスも倍化することになります。

学習意欲を削ぐのは、なんといってもストレスです。どう対処するかは、保護者の工夫のしどころですが、やっぱり取り戻したいのは家庭を満たす笑顔です。弟妹にあたる前に、ちょっと深呼吸して鏡を見ましょう。そして口角を上げてみる、そのひと呼吸で気持ちは落ち着きます。うまくいったら受験生にも「口角上げ」をすすめましょう。とくに入試当日、トイレの鏡の前で実践すれば、緊張は一気に解けます。

ただし、助言には否定形を入れないこと。「ダメなときは鏡を見なきゃ」ではなくて「鏡を見てみると落ち着くよ」など、「〜するといいよ」「〜しようよ」がいいですね。「してはいけない」は禁物です。

気力充実が合格への道 活力の源は家族の笑顔

ラストスパートのこの時期、受験生がおちいりやすいのが「間違った完璧主義」です。つまり、100％解けなかったり、覚えていなかったりすることにイライラしてストレスをためてしまう症状です。

じつは、合格圏は「65％正解」にあります。6割ちょっと正解すれば合格できるのです。3割は「間違えてもいい」「解けなくてもいい」「手がつけられなくてもいい」のです。

しかも、受験校を決めるとき、合格圏に入る学校を選んでいるはずですから、普段通りに解答を並べさえすれば、合格できるのです。ですから完璧病が頭をもたげてストレスをためるよりは、65％正解するために転記ミスやイージーミスがないかを点検することに力を注いだ方がいいのです。

保護者は、「大丈夫、普段通りでいい」の声かけで支えましょう。いま必要なのは、普段通りの実力を発揮できるよう気力を充実させることです。

気力充実はモチベーションの高まりです。モチベーションとは「やる気」という意味でとらえられていますが、本来の意味は「動機づけ」です。リビングでお子さんと話すとき、進学をきっかけにどのように育ってほしいかをさりげなく伝えたり、本人にここまでの受験生活で考えてきたことを聞いたりしてみましょう。

受験生の大人への考えの深まりが「動機づけ」となり、気力充実につながるよう、上手に促しましょう。

さて、入試当日も、朝起きた受験生にとって心強いのは、なんといってもご両親の笑顔です。

入試の寒い朝は、わが子のことが心配でたまりませんから、ついつい表情もこわばりがちになります。しかし、それではいけません。またまたここで「口角上げ」の出番です。安心できる笑顔を作ってください。

今日、最も緊張を強いられる「入試」という日を過ごすわが子が、活力いっぱいで一日を過ごせるよう、兄弟姉妹を含めて和気あいあい、いつもの「家族の朝」を作り出してほしいと思います。

お子さんが「よし、やるぞ」「大丈夫だ！」と自らモチベーションを高めて会場に向かい、持てる力を十分に発揮できることを信じて、温かく送り出してあげてください。

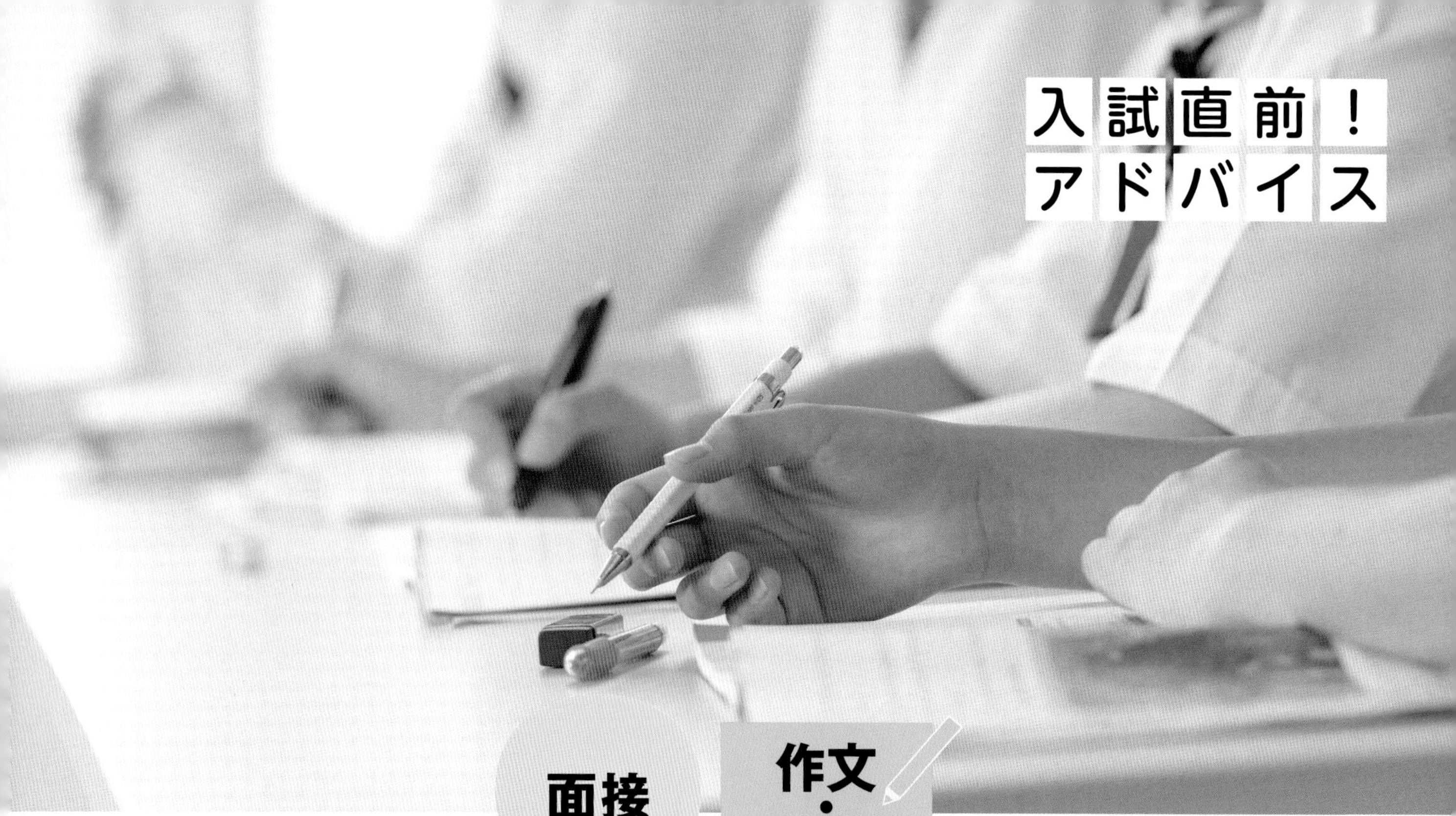

入試直前！
アドバイス

面接

作文・小論文

このページで 焦らないために ウォーミングアップ

近づく入試で、なにかと不安なのが「面接」と「作文・小論文」ではないでしょうか。そんな不安を解消するために、ここでは2つの試験の重要ポイントと、注意すべきことをまとめていますので、試験前の安心のために、ちょっと目を通してウォーミングアップとしてください。

Warming up!

自分の考えを伝えよう

学校によりますが「面接」と「作文・小論文」は、私立高校、公立高校ともに課される関門です。

面接は、私立高校の推薦入試ではほとんどの学校で実施されますし、一般入試でも実施する学校があります。公立高校でも学力検査とともに実施する学校があります。東京都立高校では推薦入試が行われていますが、面接は必ず実施されます。

また、作文・小論文は各都県の私立高校、公立高校を問わず多くの学校で実施されています。

以下に述べますが、面接と作文・小論文に共通しているポイントは「自分の考えをしっかり伝える」ことです。

なお、都立高校の推薦入試における作文・小論文のテーマについては、前号12月号の「イマドキ公立高校事情」で扱っています。他校の入試でも参考になるテーマが見られますので「考えるヒント」としてください。

さぁ挑戦だ!

入試直前!アドバイス

面接

面接官にみられているのは答えの内容よりもその態度

面接ではなにを問われることになるのでしょうか。じつは、各校の面接の目的は、その受験生が入学したあと3年間の学校生活をうまく過ごしていけるかどうかをみることなのです。

学校は、面接を通じて、その学校で楽しく、そして真摯に3年間を過ごすことができる受験生を選びたいのです。面接にあたる先生は、先生自身がこの受験生と、「これからの3年間をいっしょにやっていけるがどうか」という目でみているわけです。

ですからまず、その人柄や性格を知ろうとします。その手がかりとして、意欲、熱意や基本的な生活態度、言葉づかいなどをみます。

受験生側としては、志望校の教育方針、志望学科の内容をよく理解しておくことが、面接対策として、最低限やっておきたいことです。

また、受け応えでは、礼儀正しく、率直な態度を心がけましょう。

服装についても、清潔な印象の服を選び、中学の制服を着ていく場合もきちんとした着こなしで出かけてください。「面接は参考程度」という学校も多いのですが、それでも度を過ぎた髪型や態度での受験では評価は得られません。

面接は、非常に短い時間のなかで行われます。短時間ですから1人ひとりのすべてがわかるわけではありません。

それでも、学校側は様々な面から受験生を判断しようとします。

面接も入学試験の一部ですから、評価方法は学校によって色々ですが、点数がつけられ、評価されています。

その評価は、あくまでも高校側の合格基準にどれだけあてはまる受験生であるかということが基本となります。

面接官がみているのは、はっきり言えば「教えやすそうか」、「人の言うことを素直に聞いてくれそうか」といった、初対面での印象です。

事前に考えておきたい高校生になったときの自分

「面接で聞かれるのは中学時代の3年間のこと」と思っている人が多いようですし、そのような質問が多いのも事実です。ところが、じつは面接官は過去の自分を語る生徒をみながら、これからのその生徒の未来像をみているのです。

ですから、面接の前にちょっと考えておいてほしいことがあります。自分なりに、その高校でどう過ごして、将来の自分にどのようなイメージを持っているのか、未来像を描いておいてほしいのです。

そうすることによって、「中学時代のこと」に対する受け応えをしていても、返答に深みが出ます。

受験生を困らせるような質問はありません。もし、質問の意味がわからなかったら「もう一度お願いします」と問い返せば、さらにかみ砕いて質問してくれます。

重要なのは問い返してもいいので「自分の考えをしっかり伝える」ことです。

作文・小論文

課題文では問題文を読んで自分の意見を表現すること

「作文・小論文」の出題は、タイトルやテーマを与えられて書くものと、「課題文」といって、短い問題文を読んで、その感想や意見、要約などを求められるものとがあります。

いずれも250字～400字を指定されることが一般的です。

前者のテーマは、「あなたの長所と短所について」「中学三年間での達成感について」「春、夏、秋、冬の季節のうち、あなたが最も好きな季節について、原稿用紙に300字以内の文章を書きなさい」など、自分の経験や考えに基づく自己表現、自己評価を書かせるものになります。

ただ、最近は後者の「課題文」を課す学校が多くなっています。問題文の例をあげてみると、

「学校の図書館の利用を活発にするために、新しいコーナーを設けることになった。そのコーナーにどんな本を入れるかについて委員会で話しあったところ、次のような案が出された。あなたならどの案を選ぶか。選んだ案について、あなたの考えを書きなさい。①授業に役立つ本や資料。②文学や歴史などのマンガ本。③文学作品の朗読テープ。④SFや推理小説などの本」

「あなたの中学校に新しい一年生が入学してきます。一年生は様々な不安も抱えているものです。あなたは、そんな一年生が充実した中学校生活を送るためにはどうしたらよいか、そのアドバイスを300字以内にまとめなさい」などといった課題です。

これらの「課題文」は、問題文への読解力も試すことができます。書かれてあるべきポイントを先に設定しておけば、公平度高く評価を点数化することもできますので、各校が採用するようになってきました。

作文はどのような基準で評価されるのか

作文・小論文の評価基準については、次のようなポイントがあります。

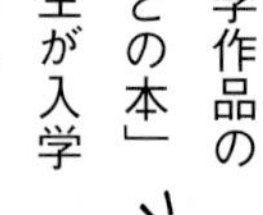

①国語の基礎力
…漢字や語句、文法知識

②表現力・読解力
…どのような思考過程か

③自主性・積極性・協調性・向上意欲
…責任感や明るさが感じられるか

④態度・人柄・ものの見方
…学力を離れた個性・姿勢

これらをポイントにして、学校側は受験生の人間性・人格などをみようとしています。

とくに「課題文」は大変だ、と思う人がいるかもしれませんが、ただテーマやタイトルを指定されているよりは、内容があるものを指定されているのですからラク、と考えた方がいいでしょう。

ここまで読んでみたけれども、すでに入試が近づいたいま、やっぱり作文は難しいぞ、と悩むよりも「恥ずかしがらずに自分自身の考え、意見で文章を書く」ということを肝に銘じて前向きになりましょう。

重要なのは面接と同じように「自分の考えをしっかり伝える」ことです。

さぁ
挑戦だ！

君たちは どう高校生活を 迎えるべきか

森上教育研究所 所長
森上展安

あけましておめでとうございます。お正月もつかの間、いよいよ入試の日がやってきます。ここまで頑張ってきたみなさん、「さぁ 挑戦」です。残されたスケジュールのなかで、受験生そして保護者のみなさんが「いまできること」をここまでのページで特集してきました。さて、このページからは、みなさんが高校生になったら、どんな勉強をしていくのか、どう学ぶべきなのかを森上展安氏に語っていただきます。入試の先の自分を見つめることで、受験当日のモチベーションとしてください。

座学から活動する学びに 大きく舵を切る高校教育

先ごろ、ちまたを騒がせていた大学入試改革は、ここから数年間（そうまるまる高1～高3、そしてもし浪人しても1浪の期間）は、大きな制度変更がないことになりました。

いま入試を迎える現在中3のみなさんは、高校入試のことで頭がいっぱいでしょうが、その高校入試も、来年以降

大きく変化することはありません。

しかし高校に進めば、学習内容はいまとは変わって新しくなります。高校での学習指導要領が、新課程（移行過程）になって3カ年経過しているためです。

いわば、編集の仕方が従来と違う程度とでも言いましょうか、おもに学び方が変わります。おそらく座学よりアクティビティ（活動）の多い学び方に変わるはずです。

そこでは授業の本来の楽しさが追求される一方、大学入試が大きく変わるわけではないので、仮に1浪してもその環境に変化はありません。

その意味で、これから高校生となる中3のみなさんの授業や学習環境に慌ただしさはなく、落ち着いて取り組めるものとなるでしょう。

前記したように座学からアクティビティの多い学び方に変わることで、授業では「解いた問題の結果」からさらに追究するための問いの立て方や、新たな問いの立て方を考える内容となり、落ち着いて「深い学び」をするように促されます。

要は生徒自身に「主体的に学ぶ態度」が求められるということです。従来のように問題が与えられてこれを解く、という受け身の学習ではなくなることに、心と頭の準備をしておかなければなりません。

正解が1つではない問題にも対応するために主体的に学ぶ

いま中学生のみなさんにとってそんな振る舞いが可能でしょうか。想像ができますか。

多くの人は従来の受験勉強を、大学に進むための学習だと想定するでしょうから、ちょっと想像しづらいだろうと思います。

もちろん、いきなりいわば研究者のように主体的に学習に取り組むというわけにはいきませんから、研究者もスタートはそうであるように研究方法について学ぶことから始めます。高校に入ったら研究の手法を学び、問いを立てる方法、研究を進める技法などを教わることになります。

従来はこれは大学に入ってから習いましたが、新しい教育課程では高校生も学びます。

この「方法を学ぶ」学び方は、通常は少人数に分かれて考えを出しあいながら、いわばチームとして進めます。その前に、自身の考えをまとめなくてはいけません。そのためにはいい文献を選び自分なりに検証して大丈夫となってからグループに考えを伝えます。

ですから与えられた問題を、まず自分なりに解くにあたって資料にあたらなくてはなりません。そこからがすでに勉強ですね。

先ごろ、東京女子学園が中学入試で「スマホ持ち込み可」

さぁ挑戦だ！

君たちは どう高校生活を 迎えるべきか

の入試を実施する、という話が新聞に出ていましたが、これなどまさに高校に入って鍛えられるべきスキルでしょう。そうしたことに慣れている人に入学してもらいたい、ということの表明だろうと思います。

入試で「スマホやコンピュータが持ち込まれた」といえば、従来の入試では、すわ、カンニング！　となります。しかし、「スマホ持ち込み可」となれば、解答そのものが1つに限らず、またその解答にいたるには様々な糸口からアプローチが必要なことが想定されます。東京女子学園の場合も「スマホは1つの例示で、（持参するものは）図書などの資料でもよい」としています。

積極的な学びに向かう姿勢を どのようにして身につけるか

ところで、いまの中3の2学年下から東京都立高校の入試にスピーキングテストの検定が別途課される予定です。従来の入試に加えて、11～12月に先行して実施して、2月の学力試験に加点して評価されることになっています。

この入試は、中3・中2のみなさんには関係ないこととはいえ、すぐあとの世代はこうした入試を通過してくるのです。

そこでは、検定試験というのですから1点を争う入試と異なり、いわば英検のように級などの絶対評価（基準評価）になります。すべての教科がそうなるのではなく、英語科の、しかもスピーキングがそうなるのであって、5教科の1つですから5分の1の、そのまた4技能の1つですから4分の1です。つまり都立高校学力試験の20分の1の評価を絶対評価（基準評価）で行う、ということです。

けれども一部であっても絶対評価が導入されることは大きな変化です。

この英語のスピーキングの絶対評価と、先の東京女子学園1校とはいえ、資料持ち込み可の中学入試と共通することはなんでしょうか。

あらかじめ正解が1つあって、そこをクリアすれば得点でき、それをいくつ獲得したか、母集団のなかで得点競争をする、という従来の入試にはなかったことですね。

ただし、読者のみなさんの高校入試は従来型で行われますから、高校入試をクリアする努力は相応にしてきているでしょう。

その努力は、正確な知識や技法を身につけていくためにはいいことであったのも確かです。

でも高校に入ったら、これまでの入試対応のための学習ということを離れて、問題を立ててその問題を追究していくための勉強に変えていかなくてはなりません。

そうした積極的な学びに向かう姿勢をどうやったら身につけられるか、が一番の課題でしょう。

しかし、それは難しいことではなくむしろ自然災害であったり、公害であったり、健康関係のトラブルであったりと、直面する社会問題として世の中にたくさんあって、いやおうなく耳目《じもく》に入ってきます。

高校生の特権はこうした世界に開かれた問題意識を持つこと、これを教科に即して論じ得ることです。なぜならこれらの問題を利害得失なくオープンに考えられる特別な年齢だからです。

森上教育研究所
1988年、森上展安氏によって設立。受験と教育に関する調査、コンサルティング分野を開拓。私学向けの月刊誌のほか、森上を著者に教育関連図書を数多く刊行。

日本が誇る技術の結集
「紙幣」のすごさ知っていますか？

20年ぶりに新しい紙幣（お札）が発行されることが２０１９年春に決まりました。これを機に、私たちの生活になくてはならないお札について学んでみましょう。

普段お札をじっと見る機会はあまりないと思いますが、じつは偽造を防止するための高度な技術がいくつも施されています。今回は国立印刷局協力のもと、そうした技術に加えて、製造工程やお札にもっと親しめる施設も紹介します。その前にまずは国立印刷局の学芸員・松村記代子さんにお札にまつわる豆知識を教えていただきました。

画像・資料提供　国立印刷局

Q 日本ではいつからお札が流通し始めたの？

日本初のお札とされる「山田羽書《はがき》」が流通し始めたのはさかのぼること江戸時代。当時の和紙に木版で刷ったお札は真似されやすく、偽札が非常に多く出回っていました。その傾向が明治時代に入っても続いていたため、政府が外国から技術者を呼び、日本人に習得させたのが現在のお札にも盛り込まれている様々な技術です。このとき（明治初期）のお札で採用した人物の肖像画、幾何学模様、横型のデザインなどが現在にも受け継がれていることから、現在のお札の原点となるものが発行されたのは明治初期といえます。

ちなみに表面に初めて描かれた肖像は古事記や日本書紀に登場する「神《じん》功《ぐう》皇后」です。裏面の図柄は明治時代は模様が主体でしたが、昭和初期には表面の肖像と関連した図柄が描かれ、その後、現在のような日本を代表する動植物や風景が描かれるようになりました。なお、現在のお札の正式名称は「日本銀行券」といいます。

Q 明治時代のお札には具体的にどんな技術が盛り込まれていたの？

偽札の流通を防ぐため、当初から様々な偽造防止技術が盛り込まれていました。例えば、人物肖像や文字、周囲を飾る模様は、金属板に特殊な彫刻刀（ビュラン）で細かな線や図柄を彫刻する「凹《おう》版《はん》彫刻」という技術を用いて描かれています。

彫刻された画像の溝にインキを詰めたあと、余分なインキをふき取り強い圧力をかけて印刷すると、溝に詰まったインキが盛り上がった状態で転写されます。これが「凹版印刷」というものです。とても細かい線がきれいに印刷できるのはこの凹版印刷ならではで、通常の印刷やコピー機などでの複写では線がつぶれてお札の人物の表情が変わってしまうため、偽札との判別がしやすいという利点もあります。

ちなみに17ページで紹介する「白黒すかし」は、江戸時代には「白すかし」、明治時代には「黒すかし」が採用されており、やがて白すかしと黒すかしをあわせて陰影をもたせた「白黒すかし」という技術が開発されました。

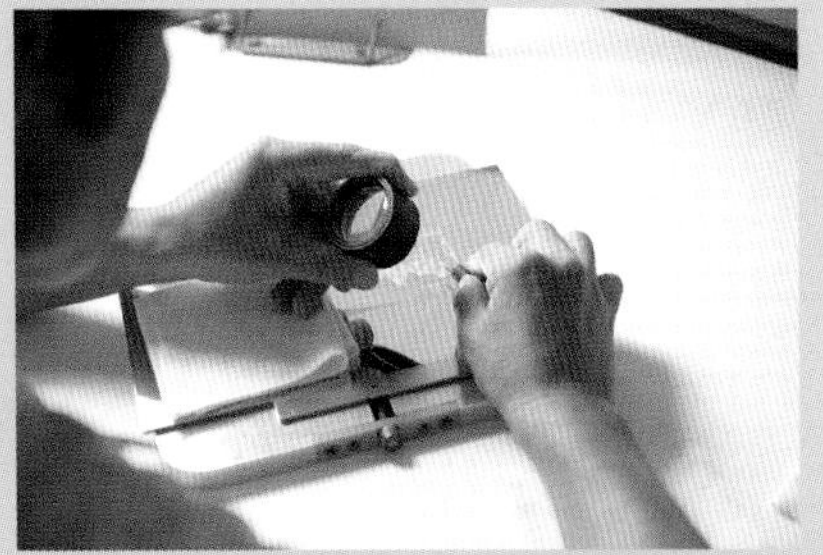

ビュランを使い、金属板に細かな線や図を彫刻します

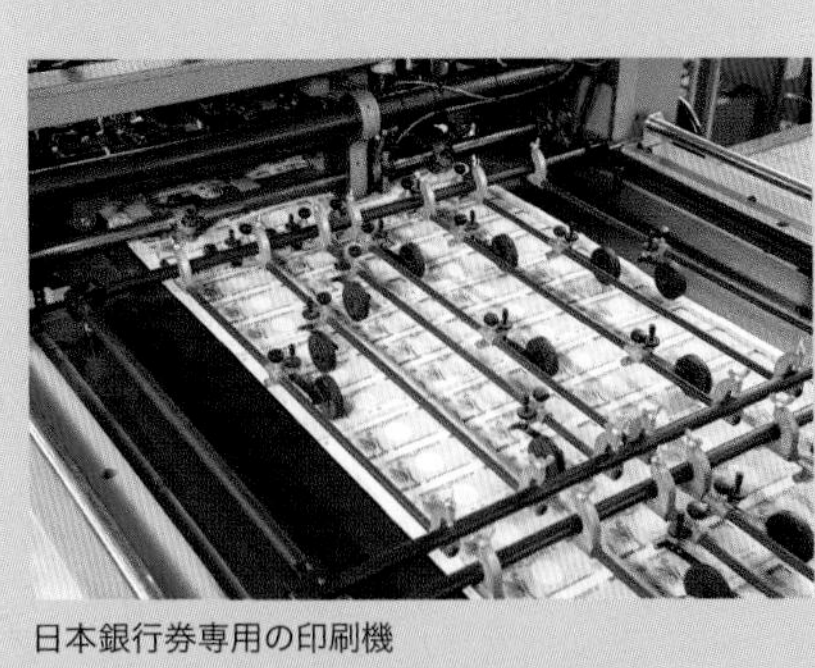

日本銀行券専用の印刷機

アバカ

みつまた

Q お札の用紙にはどんな原料が使われているの？

多くの人の手にわたり、世の中で流通するため、強い耐久性が求められるお札の用紙。幾度も調査・研究を重ねたうえで、原料にはおもに「みつまた」や「アバカ」といった植物を使用しています。

明治初期は古くから和紙の原料とされ、平滑性や強靭さが特徴の「みつまた」だけでなく「雁《がん》皮《ぴ》」の使用も検討していましたが、「雁皮」は人工栽培が難しく、大量生産に向かなかったため「みつまた」のみを使用することになりました。その後、昭和に入ってから、「アバカ」が原料に加わりました。これらの原料をよく混ぜ合わせることで、お札ならではの独特の風合いが出てきます。

Q 今度の新しいお札にはどんな特徴があるの？

全体のサイズは現行と同じですが、人物の肖像がやや大きくなります。偽造防止効果を上げるために肖像は徐々に大きくなっており、現行のものと1955年ごろ発行のお札を比べると約2倍大きくなっています。

また、新たな偽造防止技術として、現行のすき入れに加え新たに「高精細なすき入れ模様」を導入するとともに、お札への採用は世界初となる、肖像の3D画像が回転する「最先端のホログラム」も取り入れることが予定されています。

肖像と図柄はそれぞれ

（新1万円札）
肖像：渋沢栄一、図柄：東京駅（丸の内駅舎）
（新5000円札）
肖像：津田梅子、図柄：フジ（藤）
（新1000円札）
肖像：北里柴三郎、図柄：富嶽三十六景

となっています。

なお、お札の肖像やデザイン等の様式は、財務大臣が決定します。

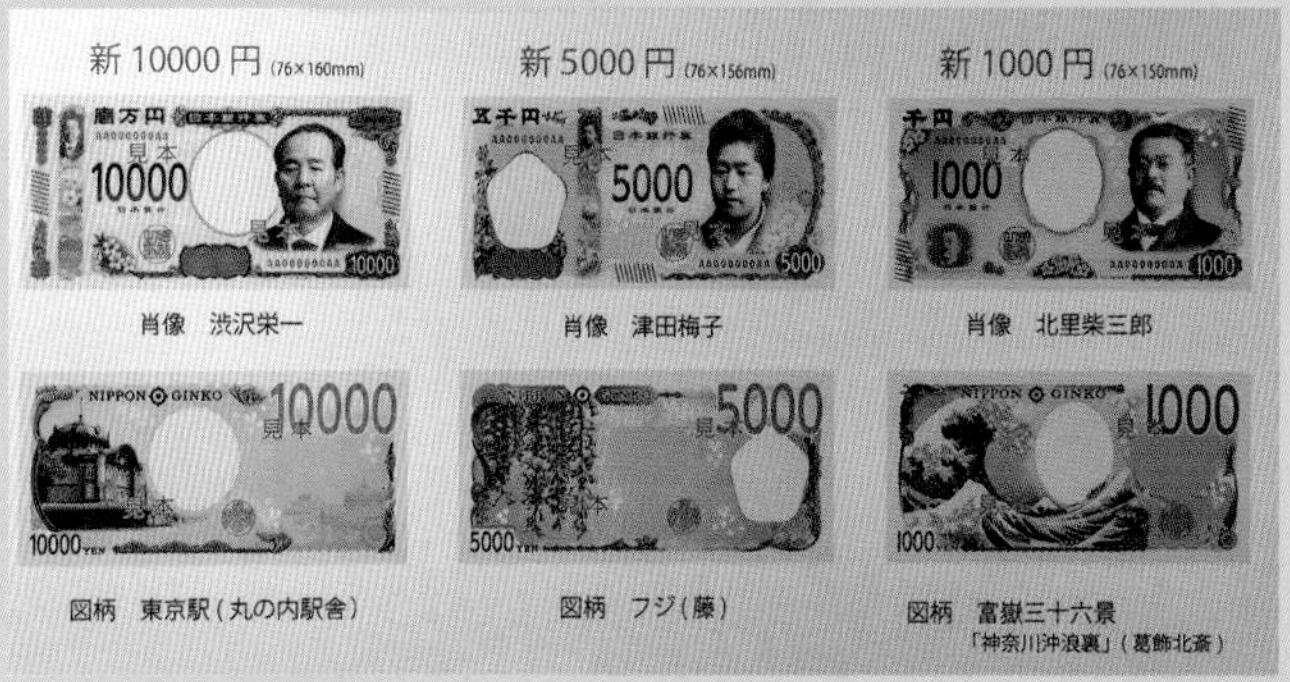

お札と切手の博物館に展示されている新しいお札のデザイン（イメージ）に関するパネル

イラスト㊤はイメージです

Q なぜお札を新しくするの？

デザインを変更する理由は2つあり、1つは偽札の発生を防ぐため、1つは経済・社会状況の変化です。

新しくなったお札は発行から次のデザイン変更までの間偽造されないように、そして、偽造する気持ちを起こさせないように、様々な技術を盛り込む必要があります。ただし、偽造防止技術を盛り込むだけでは、偽造防止効果が完全に発揮されているとはいえません。

お札を利用するみなさんが、偽造防止技術について知り、偽札かどうかを判断できるようになることこそ、最大の偽造防止になるのです。ですから、次のページから紹介する偽造防止技術について理解を深めたあとは、ぜひ、周りの方にも教えてあげてください。

そして、故意に汚したり、落書きをすると、偽札かどうかの見分けがつかなくなるばかりか、ATMや自動販売機の機械にも通りにくくなる可能性がありますから、お札は大切に扱いましょう。

お札に隠された偽造防止技術を

手に取って調べてみよう

前述したように、「お札を偽造させない、偽造する気を起こさせない」ために、国立印刷局の研究所では、数々の偽造防止技術を開発し、お札に盛り込んでいます。実際にお札を手元に用意して、見比べながらこのページを読めば、世界トップクラスといわれるその技術のすごさを実感できるはずです。

傾けてみよう

ホログラム

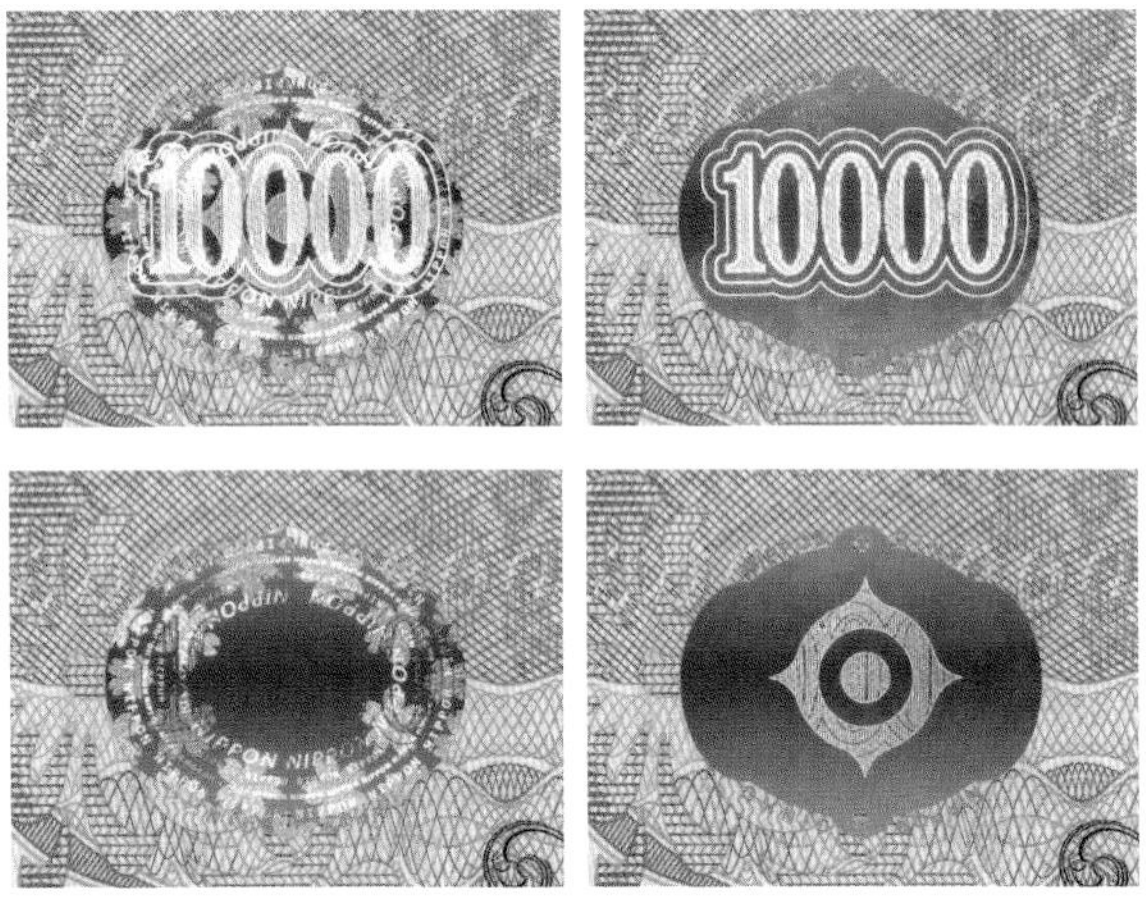

1万円札と5000円札の表面左下に導入されている「ホログラム」は、角度を変えると色や模様が変わって見える技術が盛り込まれています。お札を傾けて、金額・桜の模様・日本銀行のマーク（「日」の文字をデザイン化したもの）が見えるか確認してみましょう。

パールインキ

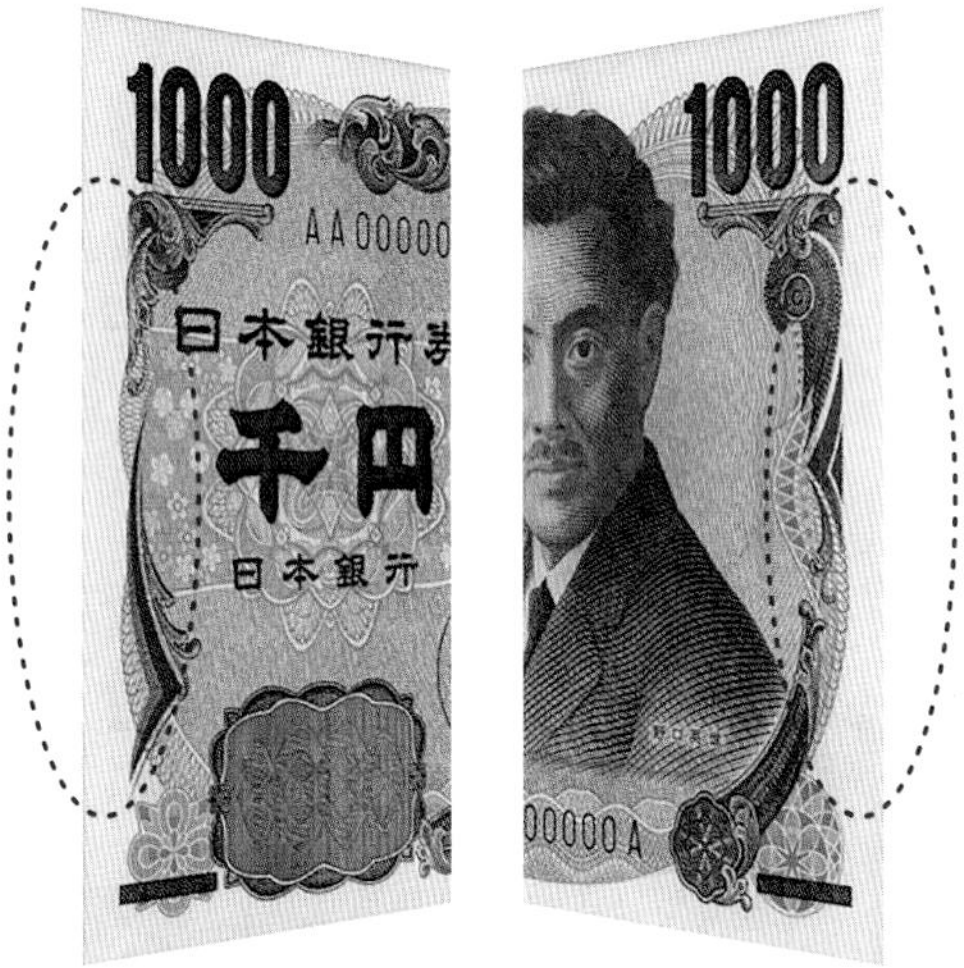

手元にあるお札を傾けてみると、両端にピンク色の光沢が見えてきませんか？　これは「パールインキ」という技術です。

潜像模様

表

裏

正面

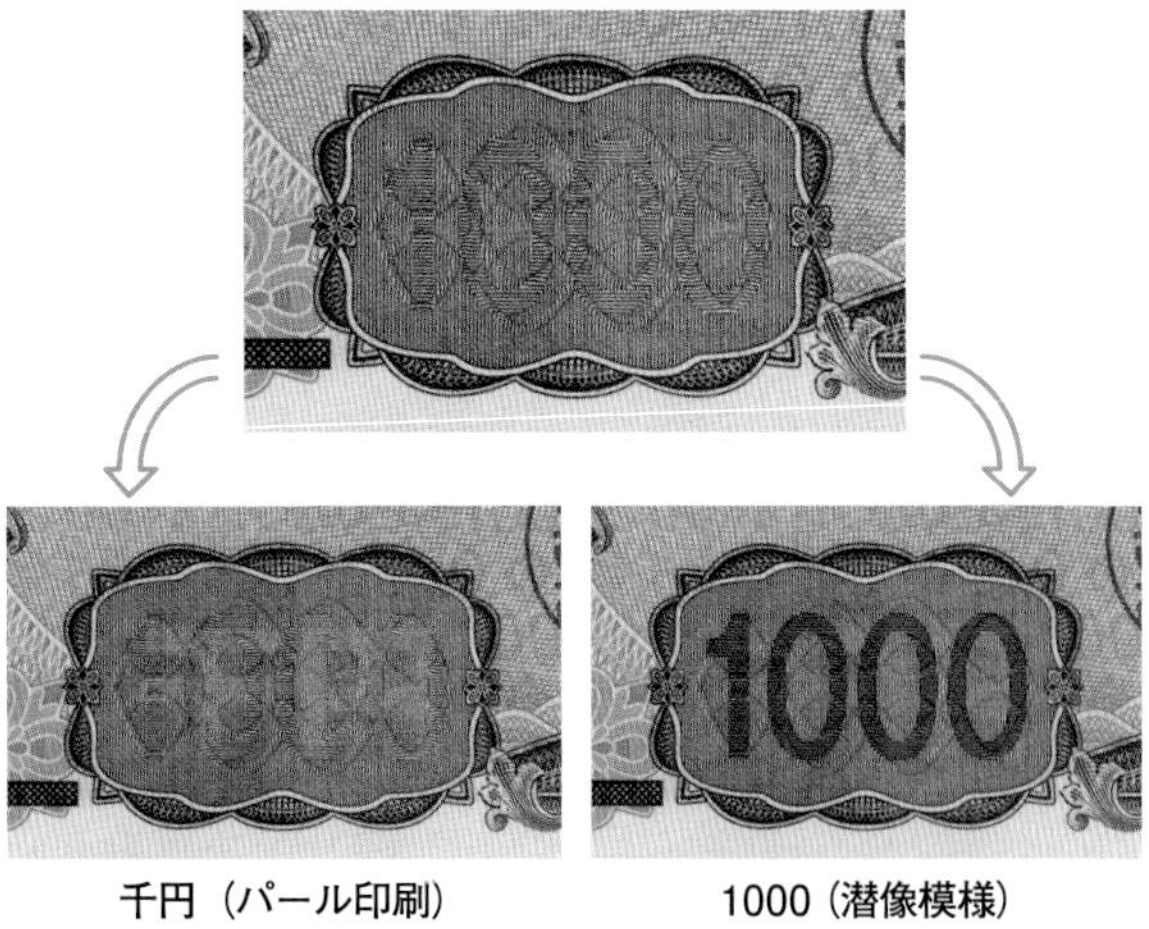

千円（パール印刷）　　1000（潜像模様）

「潜像模様」と呼ばれる技術は、お札の表と裏、どちらにも採用されています。表面はそれぞれの金額が、裏面は「NIPPON」の文字が、お札を傾けると現れます。なかでも1000円札だけに使われているのが、「潜像パール模様」です。正面からだと見えませんが、傾けるとパール印刷で印刷された「千円」と潜像模様の「1000」という文字が浮かび上がってくるのがわかります。

触ってみよう

深凹版印刷

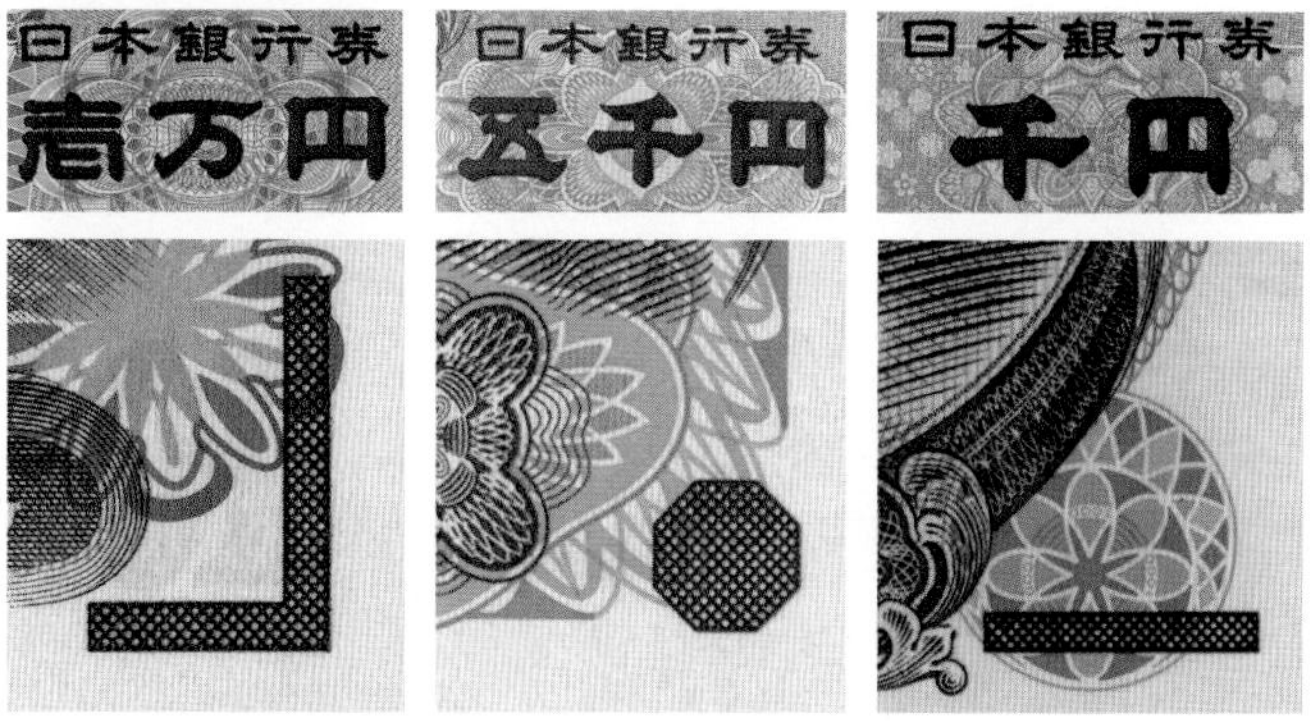

「日本銀行券」という文字や、金額を表す漢字には、「深凹版印刷」という特殊な印刷方式が使われています。ほかの部分に比べてインクを高く盛り上げて印刷するため、触るとざらざらしているのがわかります。目の不自由な方が金額を判断できるようにデザインされた「識別マーク」も深凹版印刷で、券種ごとに形状が異なります。

すかしてみよう

光にすかすと図柄や文字が浮かび上がる技術「すき入れ（白黒すかし）」は、カラーコピーしても再現しにくい、高度な偽造防止技術の１つです。それぞれ中央の白い部分に表面の肖像と同じ絵柄のすき入れが施されています。また、意外と知られていませんが、2000円札以外のお札の右側には棒状の「すき入れ（バーパターン）」が施されており、１万円札は３本、5000円札は２本、1000円札は１本入っています。

すき入れ

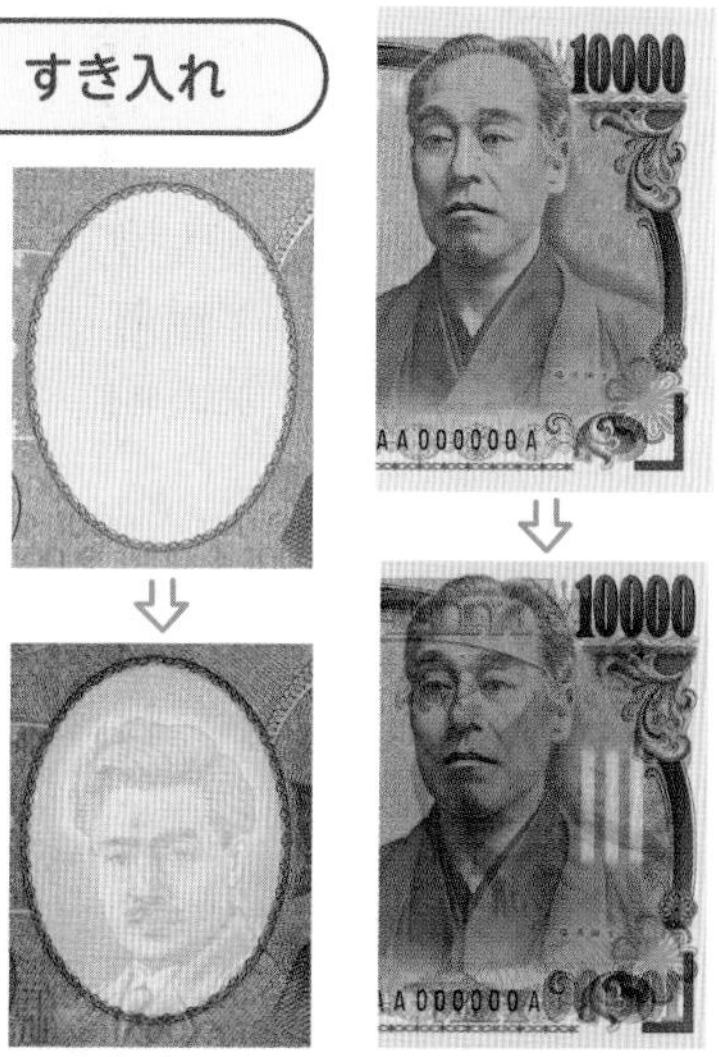

白黒すかし　バーパターン

マイクロ文字

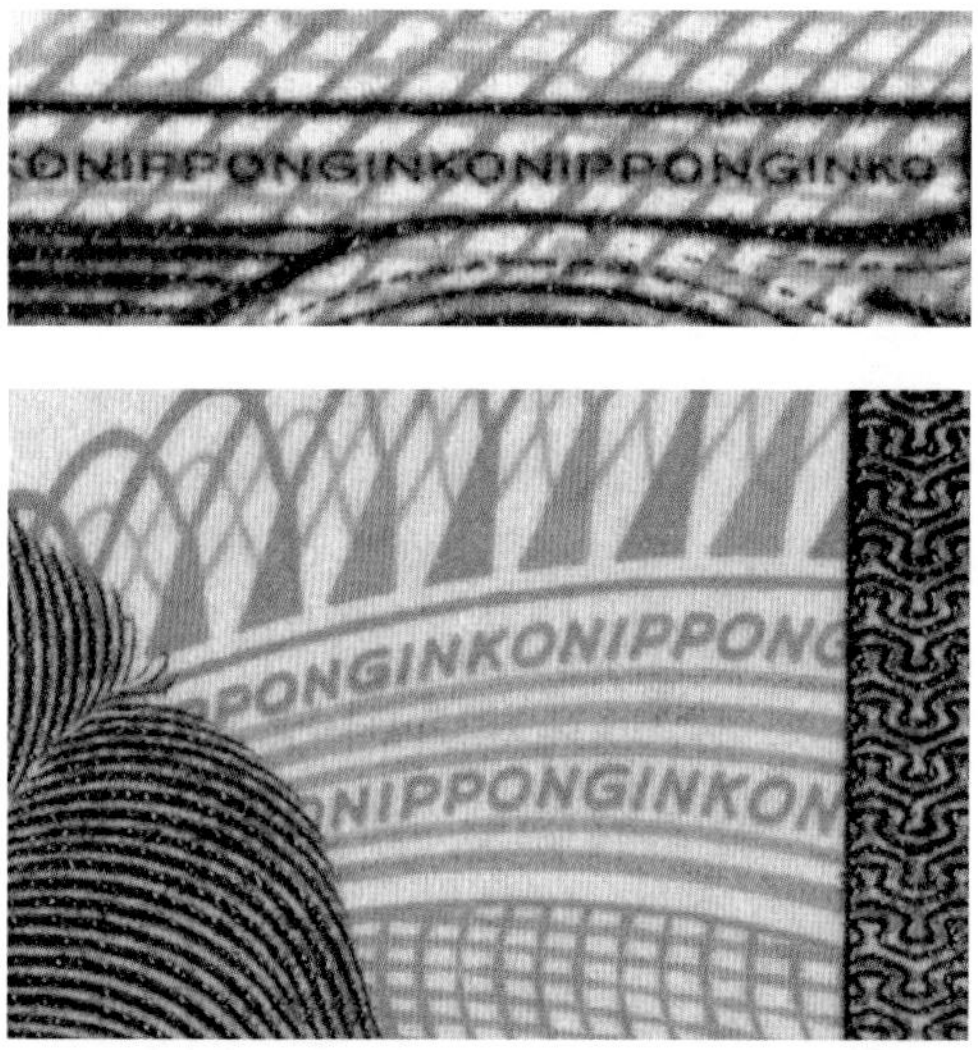

ルーペなどを使ってお札をよく観察してみると、色々なところにとても小さな文字で「NIPPONGINKO」と印刷されているのが確認できます。こうした「マイクロ文字」はカラーコピー機では再現が難しいため、偽造防止技術として取り入れられています。

こんな調べ方もあるよ

特殊発光インキ

紫外線を当てると光って見える、「特殊発光インキ」という技術も用いています。写真を見ると、表にある（日本銀行）総裁之印が光るほか、一部の模様が発光しているのがわかります。普段見えないところにも、このような偽造防止のための技術が盛り込まれています。

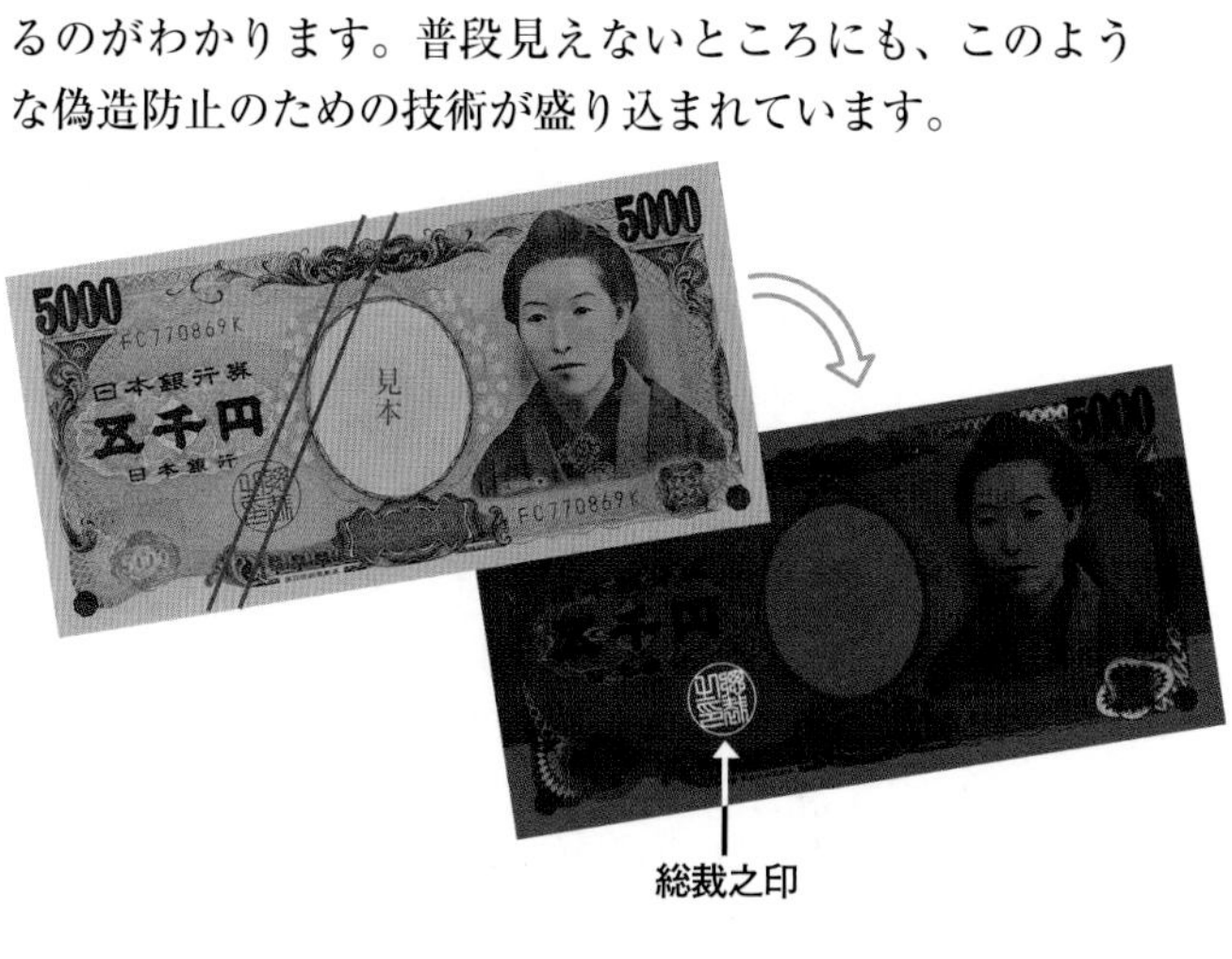

総裁之印

お札ができあがるまでの
製造工程を知ろう

ここでは、国立印刷局が一貫して行うお札のデザインから用紙・インキの製造、印刷・仕上げまでの流れをご紹介します。

材料工程

- 原図①→原版②→版面作製③
- デジタル製版Ⓐ
- インキ製造ⓐ

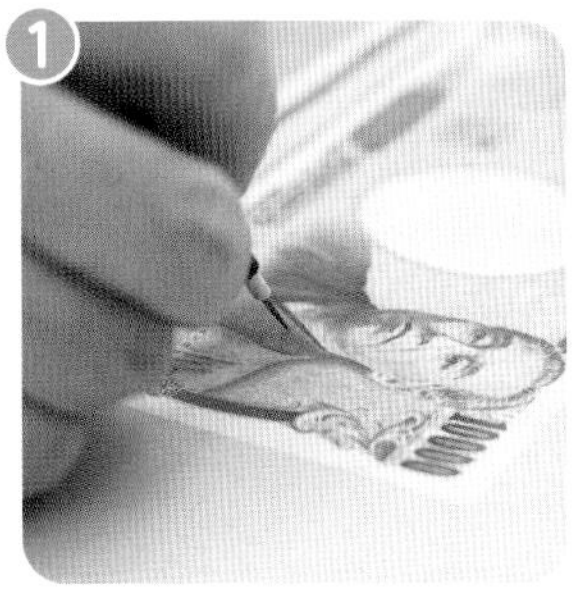

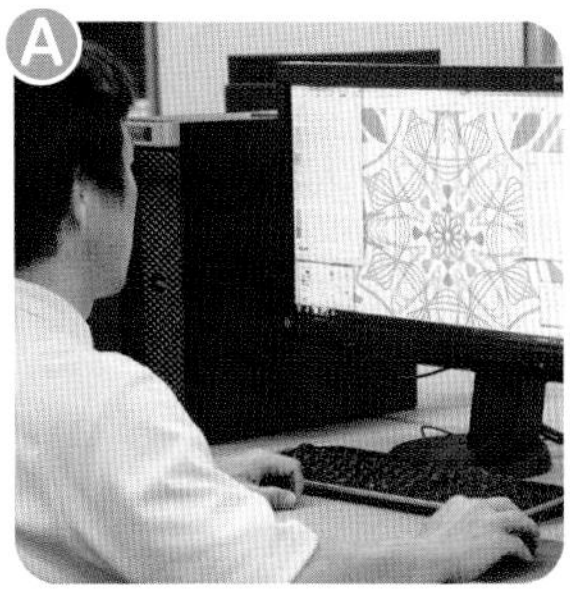

デザインや彫刻の専門職員・工芸官がお札のもとになる絵（原図）を筆や色鉛筆を使って精密に描写したら①、それをもとに特殊な彫刻刀（ビュラン）で金属板に点や線を刻み込んで原版を作製②、できた１枚の原版をベースに大きな印刷用版面を作ります③。なお、背景の細かい模様や彩紋※はコンピューター上で作成しますⒶ。また、お札に使用するインキも独自の配合で練りあわせた独特の色合いと優れた機能を持つものを国立印刷局で製造していますⓐ。

※精密な幾何学的模様

製紙工程

- 裁刻①→離解《りかい》②→精選③→叩解《こうかい》④→調合⑤抄造《しょうぞう》⑥→断裁⑦

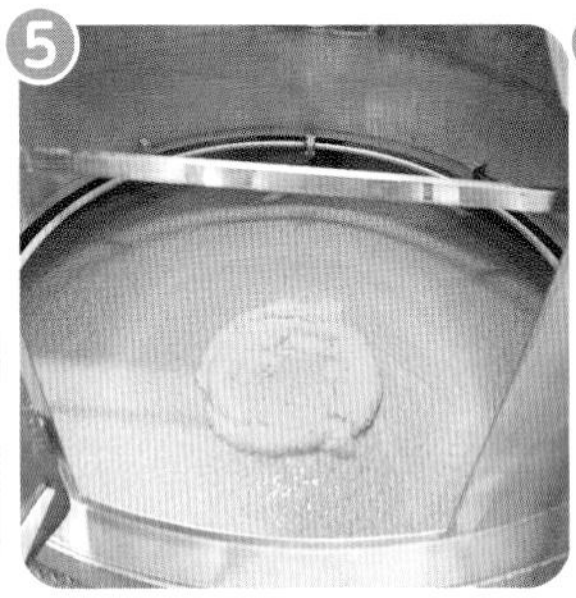

15ページで紹介したみつまたやアバカといったお札の原材料を裁刻機で細かく刻んだあと①、繊維を水のなかで解きほぐし②、異物を取り除きます③。そこからさらに繊維を細かくすりつぶして④繊維同士を絡みやすい状態にしたものを薬品と混ぜあわせれば⑤、紙料（紙のもと）の完成です。できた紙料は網の上に薄く流してすき、すき入れ（白黒すかし）を施したあと乾燥させてから巻き取ります⑥。巻き取った紙は印刷に適した大きさに切り分けられ、印刷工程に送られます⑦。

印刷工程

- 印刷①→ホログラム貼付②→記番号印刷③→断裁④→検査・仕上⑤→封包⑥→日本銀行へ

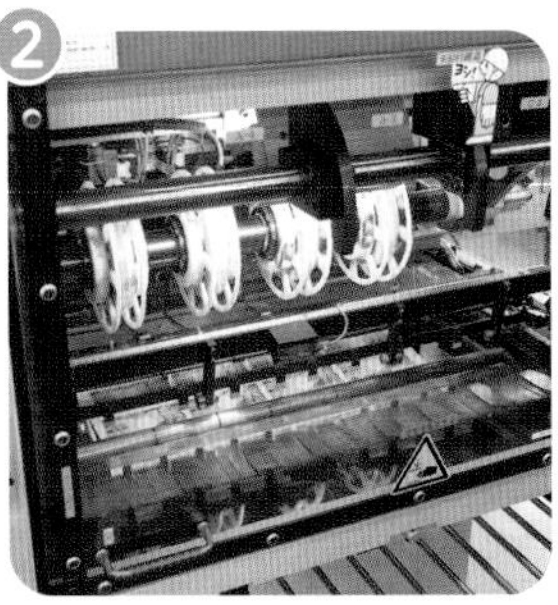

完成！日本銀行へ

独自に開発したお札専用の印刷機に材料工程で作製した版面をセットし裏面→表面の順に印刷します①。1万円札と5000円札はここでホログラムが貼付されます②。印刷模様を検査して記番号などを印刷③、断裁機で正確なサイズに切り分けて④から検査し⑤、1000枚ずつにまとめた束をさらに10個ずつフィルムで封包⑥すればできあがりです。できたお札は日本銀行に納入します。

お札のすごさをもっと体感したい人は

お札と切手の博物館へ行こう

お札についてもっと知りたいと思った方は、お札に関する展示や体験を楽しめる「お札と切手の博物館」に行ってみましょう。

体験する

偽造防止技術の体験コーナーでは、お札を顕微鏡でのぞいてマイクロ文字を見つける、色々な角度から光を当ててホログラムを観察する、といった体験ができます。そのほか、凹版印刷の絵に触れてインキの盛り上がりを確かめたり、1億円の重さ体験ができるコーナーも。

装置を傾けると、潜像パール模様などが浮かび上がります。2000円札に使われている技術も見ることができます。

1億円と同じ重さ、サイズの紙を持って写真を撮れるコーナーもあります。1万円札は1枚約1gなので、全部で約10kgとなかなかの重さです。

展示で学ぶ

時代とともに発展してきた偽造防止技術だけでなく、歴代のお札や海外で使われているお札などが展示されています。印刷技術の変遷やデザインの移り変わりを知ることができるなど、お札を製造する国立印刷局ならではの展示内容です。

お札の印刷を見て学べる動く模型。各工程のボタンを押すと、お札の印刷手順や様子がよくわかります。

世界のお札が一堂に会する貴重な展示。単位や金額も様々で、デザインにもそれぞれ特徴がみられます。

Information

お札と切手の博物館（入館無料）

所在地：東京都北区王子1-6-1
TEL：03-5390-5194
アクセス：JR京浜東北線・地下鉄南北線「王子駅」、都電荒川線「王子駅前」徒歩3分
URL：https://www.npb.go.jp/ja/museum/

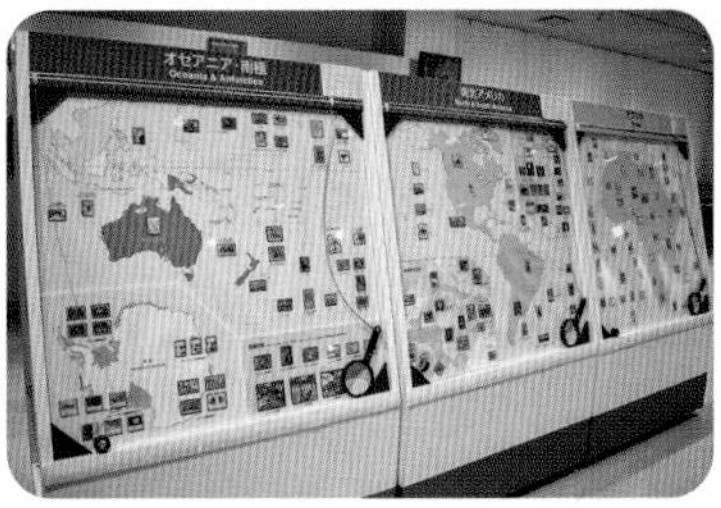

世界のお札のなかでもとくに珍しいものが飾ってあるスペースも（左）。スイスで使われている縦型のお札や、金箔が貼ってあるお札といったユニークなものから、戦時中に製造が間に合わず分割して使用されたという、当時の状況に左右されて誕生したお札など、興味深いものばかりです。また、切手に関する展示も充実していて、世界の切手を間近で確認できます（右）。

最後に

ここまでみてきたように、まさに世界に誇る技術が結集した日本のお札。国立印刷局では、右ページで紹介した印刷工程の一部を見学できる「工場見学」も開催しています。実施日は火曜・木曜（要事前予約）とのことなので、気になる方は春休みや夏休みを利用してぜひ行ってみてくださいね。工場見学については、詳しくはこちらをご覧ください↓

国立印刷局ホームページ（https://www.npb.go.jp/ja/event/kengaku.html）

Special School Selection

★★★

女子しかいない環境で
色々なことにチャレンジしながら
自分らしい人生の土台を築く

東京都 文京区　女子校

お茶《ちゃ》の水《みず》女《じょ》子《し》大《だい》学《がく》附《ふ》属《ぞく》高等学校

所在地：東京都文京区大塚2-1-1
アクセス：地下鉄丸ノ内線「茗荷谷駅」徒歩6分、地下鉄有楽町線「護国寺駅」徒歩13分
生徒数：女子のみ366名
TEL：03-5978-5855
URL：http://www.fz.ocha.ac.jp/fk/

- ●3学期制
- ●週5日制
- ●月～金7時限
- ●45分授業
- ●1学年3クラス
- ●1クラス約40名

台湾の学校との国際交流、お茶の水女子大学との連携教育といった多彩なプログラムを行うお茶の水女子大学附属高等学校。スーパーサイエンスハイスクール（SSH）としての活動もスタートし、色々なことに取り組みながら人生の土台を築ける学校です。

1人の人間としての自分を見つけ磨く3年間

お茶の水女子大学附属高等学校（以下、お茶の水女子大附属）は、お茶の水女子大学（以下、お茶の水女子大）と同じ敷地に位置する国立高校唯一の女子校です。前身は1882年設立の東京女子師範学校附属高等女学校で、1980年に現名称になりました。

菊池《きくち》 美千世《みちよ》 副校長先生

基本方針には「お茶の水女子大学に附属した高等学校であることの特色を生かし、社会に有為な教養高い女子の育成に努める」、教育目標には、「基礎・基本を重視し、広い視野と確かな見方・考え方を持つ生徒を育てる」「自主・自律の精神を備え、他者と協働していくことのできる生徒を育てる」「社会に有為な教養高い女性を目指し、真摯に努力する生徒を育てる」と掲げられています。

菊池美千世副校長先生は、「高校時代は、まだ自分というものを探している段階だと思います。本校の3年間で、やりたいことにどんどんチャレンジし、自分らしい一生を過ごすための土台を築いてほしいです。女子しかいませんので、性別を気にすることなく、1人の人間としての自分を見つけ、磨いていける環境です」と話されます。

クラスの仲を深める入学直後の3つの行事

お茶の水女子大には、附属中学校もあり、例年約60名がお茶の水女子大附属へと進学し、高校受験を経て入学する生徒（約60名）と高1から同じクラスで学びます。

「友だち作りが苦手な生徒もいるかもしれませんので、クラスの仲が深められる行事を用意しています。まずは4月の入学直後に行う新入生オリエンテーションです。スクールカウンセラーの方と相談し、お弁当を食べながら話をするランチミーティングや、人間関係作りを目的としたワークショップなどを取り入れています。

5月中旬には宿泊行事があり、ハイキングや製糸工場の見学、味噌作り体験などを行いながら仲を深めていきます。続いて下旬には体育祭もあるので、クラスの団結力が高まります」（菊池副校長先生）

文系、理系に分かれず幅広く学ぶカリキュラム

カリキュラムの特徴は、幅広く学ぶ教養教育が大切にされていることです。高1、高2は芸術科目を除き共通履修。高3でも文系と理系にクラスを分けることはせず、選択科目を設けることで、生徒の希望進路に対応します。

「世の中は科目ごとに成り立っているわけではありませんから、幅広く学ぶことが大切です。学んでいる間は大変なようですが、大学の学びには色々な知識が必要なので、卒業生は高校時代に幅広く学んでよかったと口をそろえます」（菊池副校長先生）

お茶の水女子大附属には、「高大連携特別入試」としてお茶の水女子大に進学できる制度がありますが、募集は若干名のため、多くの生徒は同大を含め大学受験をします。そのためのサポート体制も整

文化祭

9月に行われる文化祭は、数ある行事のなかでも最も盛り上がります。生徒主体で作り上げるそれぞれの個性が光る2日間です。

っており、夏休みには高3を対象とした夏期講習が開かれます。「生徒の希望に応じて開講しています。各クラスに進路委員の生徒がおり、みんなの意見を聞きながら、希望する科目、内容について取りまとめ、教員へ講習を依頼します」と菊池副校長先生は説明されます。

課題発表も行う台湾での国際交流

お茶の水女子大附属の英語の授業は、伝統的にすべて英語で行われており、英語力をしっかりと伸ばせる環境です。その英語力を発揮する場の1つとして、台湾の台北市立第一女子高級中学（以下、北一女）との国際交流があります。

「毎年10月に高2の希望者約30名が台湾を訪れます。3泊4日のうち1泊は、北一女の生徒宅にホームステイします。本校とは違い全校生徒2500人以上の大規模校ですが、同じ女子校ということもあり、雰囲気も似ているので、生徒はすぐに仲良くなっています」と菊池副校長先生。

この交流のなかで、後述する「課題研究」の成果を発表しているのも特徴です。北一女には事前に各

国際交流

台湾の台北市立第一女子高級中学と互いの学校を訪れる相互交流を行っています。

アジアユースリーダーズ

アジア各国の生徒と社会問題について討論する「アジアユースリーダーズ」に参加しています。

70年以上の歴史があるダンスコンクール。手作りの衣装で、オリジナルのダンスを披露します。

課題研究のテーマを伝えてあるので、北一女生も各テーマについて勉強しており、意見交換が活発に行われます。また、北一女の生徒も隔年でお茶の水女子大附属を訪れています。

そのほか、アジア各国の若者が、社会問題をテーマにディスカッションを行う「アジアユースリーダーズ」などにも参加し、アジア各国の生徒と交流しています。

SSHとしての取り組みが新たにスタート

お茶の水女子大附属は、2018年度までスーパーグローバルハイスクール（SGH）に指定されており、その指定が終了した2019年度からはスーパーサイエンスハイスクール（SSH）の指定を受けています。

テーマは「女性の力をもっと世界に～協働的イノベーターとイノベーションを支える市民の育成～」です。

高2では自分が設定した課題について研究を行う「課題研究」に取り組みます。高1はそのための知識や技術を身につけるとともに、課題の見つけ方を学びます。

「SGHプログラムでの成果も活かし、現在はSSHとして活動しています。ただ、理系科目に苦手意識を持つ生徒もいるので、高1では科学を身近に感じてもらえるよう意識して進めています。

世の中の問題、例えばエネルギー・環境問題や医療について考える際には、理系の知識も必要になります。ですから理系に進学しない生徒にも、理系的な知識や思考方法を身につけて卒業してほしいと思っています」（菊池副校長先生）

「課題研究」は、個人もしくはグループで行い、その成果をレポートや論文にまとめます。さらに研究を深めたいという希望者は、高3でも続けることが可能です。

「仮説を立てても、うまく検証できないこともあるでしょう。しかし、完璧な結果を出すことよりも、失敗しては再挑戦するという経験をさせることが大事だと考えています」（菊池副校長先生）

福島県でのプログラム

福島県を訪れ、電力会社や地域の人から話を聞いたり資料館で学んだりしながら、エネルギー・環境問題や防災・復興について考えます。

お茶の水女子大附属は、近年、福島県が主催するエネルギーや環境、震災からの復興について学ぶプログラムに参加してきました。2019年度からは、そのプログラムがSSHプログラムの1つとして実施されています。

お茶の水女子大との高大連携プログラム

課題研究には、お茶の水女子大との連携プログラムで得た知識も活かされます。

2019年度よりリニューアルした「教養基礎」は、お茶の水女子大の各学部・学科の教員による講義が行われるプログラムです。「どんな研究をしているのか、なぜ研究者になったのかといったことを、年間10～13人ほどの教員が話してくれます。探究方法を学ぶと同時に、キャリア教育の側面もある取り組みです」と菊池副校長先生。

少人数のグループで興味のある分野について話を聞ける「キャリアガイダンス」も実施されています。お茶の水女子大にはない医学部や工学部についても、その学部出身の教員が対応します。また、大学生と同じ講義を受けられる「附属高校生向け公開授業」も魅力的です。

これらのプログラムに積極的に参加するとともに一定の成績を収め、お茶の水女子大への進学を希望する場合は、高3で「選択基礎」を受講できます。これは、志望する学科の教員から1対1で専門の基礎教育を受けられるものです。「選択基礎」受講者は、21ページでも触れた「高大連携特別入試」を受験することが可能です。

音楽室

被服室

生物室

面談室

写真提供：お茶の水女子大学附属高等学校

校舎

校舎は、木の温もりを感じられる趣を残しつつ、2019年に改修されたばかりです。

高大連携プログラム以外にも、卒業生である大学生や社会人に話を聞くキャリア教育プログラムがあり、その一部は筑波大学附属高等学校と合同で行われるため、同校の卒業生からも話を聞けます。

様々なプログラムに取り組みながら自分らしさを見つけられるお茶の水女子大附属。

最後に菊池副校長先生は「大切にしているのは、生徒自身にしっかりと考えさせることです。自分の頭で考え、自分の言葉で表現する、そうした力を伸ばせる学校です。学ぶことを楽しんでください」と話されました。

■2019年度　大学合格実績（　）内は既卒

国公立大学		私立大学	
大学名	合格者数	大学名	合格者数
東北大	1(0)	早稲田大	33(7)
埼玉大	2(1)	慶應義塾大	23(7)
千葉大	5(2)	上智大	19(4)
筑波大	1(0)	東京理科大	17(6)
お茶の水女子大	14(1)	青山学院大	10(1)
東京大	3(1)	中央大	21(14)
東京外大	3(1)	法政大	14(8)
東京工大	3(0)	明治大	31(6)
東京農工大	3(0)	立教大	17(2)
一橋大	5(2)	学習院大	4(1)
その他国公立大	7(3)	その他私立大	108(33)
計	47(11)	計	297(89)

公立高校WATCHING

千葉県立 共学校

東葛飾《ひがしかつしか》高等学校

「学力」「人間力」「教養」を高める3年間

併設型中学校の1期生が高校に進み、中高一貫教育重点校として新たな歴史を刻み始めた千葉県立東葛飾高等学校。「自主自律」を校是とし、「医歯薬コース」「自由研究」「リベラルアーツ講座」をはじめとする特色ある教育により、「学力」「人間力」「教養」を備えた人材を育成しています。

中入生と高入生が刺激を与えあう環境に

1924年開校の旧制東葛飾中学校を始まりとする千葉県立東葛飾高等学校（以下、東葛飾）。2016年にできた併設型中学校の生徒（中入生：定員80名）が、2019年の春、初めて高校に上がりました。中入生は、10名ずつ8クラスに均等に分かれ、高校受験を経て入学してきた高入生と机を並べています。

このことについて平賀洋一校長先生は「新たに高入生と中入生がともに学ぶ環境になることに対して、最初は色々と心配もありました。しかし、生徒たちの順応性の高さのおかげで、トラブルはまったくといっていいほど起こりませんでした。むしろ、中入生から高入生、高入生から中入生と、互いにいい刺激を与えあいながら仲よく過ごしています」と話されます。

そして、教育方針には『自主自律』の校是のもと、『学力』『人間力』『教養』を高め、さらに生涯にわたるキャリアアップをとおし、グローバル社会をリードして活躍できる有為な人材を育成する」を掲げ、その教育方針のもとに、平賀校長先生が独自に考案されたキャッチフレーズとして「東《とう》葛《かつ》が東葛らしくあるために」を設定しています。

「教育方針に掲げる3つの要素のうち、『人間力』や『教養』は、机上で身につくものではありません。例えば、本校では3大祭（『スポーツ祭』『合唱祭』『東葛祭（文化祭）』）の運営はすべて生徒たちが行うので、1つのことを作り上げていく過程で、意見が食い違うこともあるでしょう。そうして揉まれ、葛藤することが、『人間力』を鍛えるチャンスです。

行事や部活動などで『人間力』を鍛えつつ、個性豊かな教員の授業や『リベラルアーツ講座』などを通して『教養』を深め、3つの要素を備えた人になってほしいと思います」（平賀校長先生）

平《ひら》賀《が》洋《よう》一《いち》 校長先生

所在地：千葉県柏市旭町3-2-1
アクセス：JR常磐線・東武野田線「柏駅」徒歩10分
生徒数：男子494名、女子472名
TEL：04-7143-4271
URL：https://cms1.chiba-c.ed.jp/tohkatsu/

- 2学期制
- 週5日制
- 月・木6時限、火・水・金7時限
- 50分授業
- 1学年8クラス
- 1クラス約40名

多様な生徒が集う HRクラスを基盤とする

授業時間を確保するために2学期制を導入している東葛飾では、定期試験を年に4回しか行わない分、各教科で小テストを随時実施するなど、基礎・基本を定着させるための工夫を欠かしません。

「1回目の定期試験を5月に終えると、スポーツ祭、合唱祭、夏休みを挟んで文化祭と行事が続き、そのあと2回目の定期試験があります。しかし、生徒たちは勉強をおろそかにすることなく、行事は行事、勉強は勉強、と気持ちを切り替えてそれぞれに力を注いでいます。こうしたスケジュールだからこそ、かえってメリハリをつけるのがうまくなるようです。文化祭後は大きな行事がないので、高3は9月の文化祭が終わると、大学入試へ向けて集中できるのもポイントです」（平賀校長先生）

生徒の自主性を重んじる東葛飾では、修学旅行の行き先も生徒が決めています。2019年度はシンガポールへ行きました。

また、中学校併設時に建て替えた新館には、アクティブラーニング室や大講義室、自習室があり、自習室は7時から19時まで自由に使うことができます。さらに平日の早朝や放課後、長期休業中には、苦手克服・発展学習など目的に応じた各種講座を開いています。

カリキュラムは、高1は芸術科目以外が共通履修、高2からはホームルーム（HR）クラスを基本としつつ、教室を移動して各自選択した科目の授業を受ける形となります。選択科目により4コース（文コース・文理コース・理コース・医歯薬コース）に分かれますが、あくまでも基本はHRクラス

医歯薬コースでの取り組み

リベラルアーツ講座

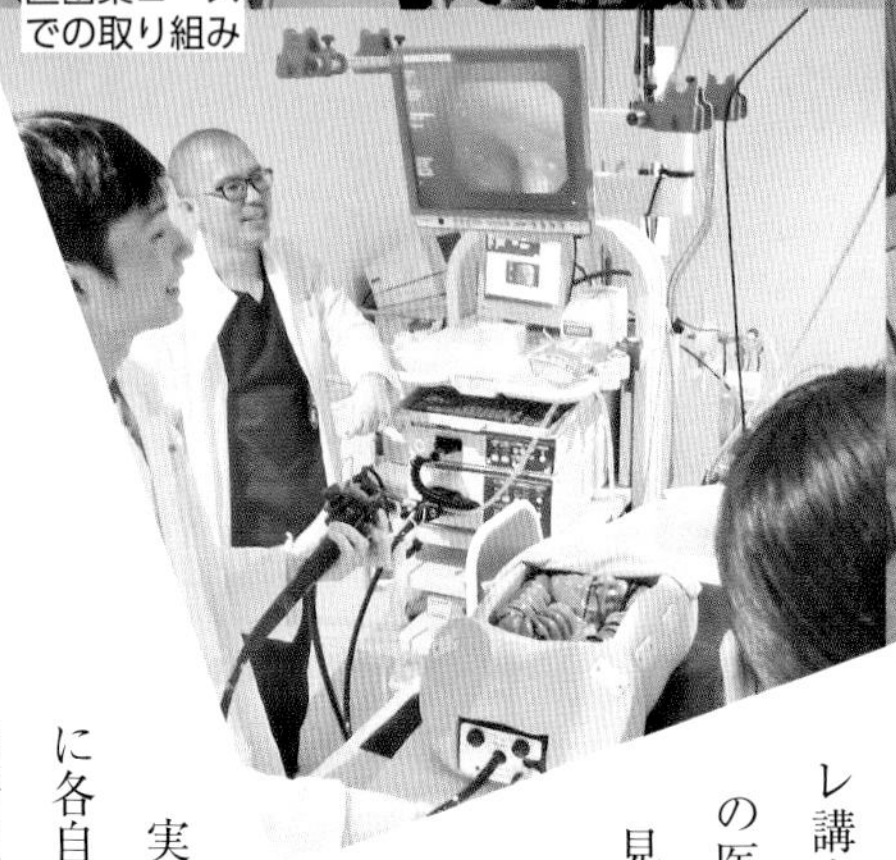

特徴的なプログラム

「リベラルアーツ講座」や、医歯薬コースでの取り組みなど、東葛飾ならではの魅力的なプログラムが多数用意されています。

のため、多様な志向を持つ生徒が各クラスに混在し、切磋琢磨できる環境があるのも魅力です。

4コースのうち「医歯薬コース」は、千葉県の医師不足の実態をふまえ、将来の地域医療を担う人材を育てるため2014年度に新設されたコースです。高2から同コースに進む予定の生徒は、準備講座として設定された「医歯薬プレ講座」を高1で受講し、自身の医療従事者としての適性を見極め、倫理観・人間性を養います。

そして、高2になると、病院実習をはじめ様々な体験をする「医歯薬実践」、そうした体験をもとに各自がテーマ研究をする「医歯薬研究」を履修します。高3でも引き続き「医歯薬研究」を履修しますが、ここでは化学・物理・数学を中心に発展学習を展開し、さらに希望者には小論文や面接の指導など、医歯薬系大学受験に向けた対策がなされます。

「医歯薬コースができて6年、順調に合格実績を伸ばしています。同コースの卒業生はまだ大学で学んでいる段階ですが、在校生のために話をしにきてくれたり、大学を案内してくれたりと、色々とサポートしてくれています」（平賀校長先生）

特色ある「自由研究」「リベラルアーツ講座」

特色ある取り組みの1つに、3年間取り組む「自由研究」があります。「総合的な学習の時間」を使って、各々が設定したテーマについて研究を進め、1年間の成果を論文にするというもので、テーマは1年ごとに変えても、3年間同じでもかまいません。

優秀作は『研究紀要概要集』にまとめられ、これまで「昆虫標本作成」「『無料』から見る経済」「プログラミングでオセロを作る」「日本語から読み取る日本人の思考」などがありました。

また、冒頭の平賀校長先生のお話でも登場した「リベラルアーツ講座」（課外教養講座）も特徴的です。「一般教養講座」「医療系講座」合わせて約50の講座が土日に開講されて

合唱祭・スポーツ祭

選曲、演出、衣装、すべて生徒が手がける「合唱祭」と3日間様々な競技で競いあう「スポーツ祭」は、クラスで一致団結して臨みます。

合唱祭

スポーツ祭

おり、高1はそのなかから必ず2講座を受け、あとは好きなだけ受講できます。

外部講師を迎えて「NHKアナウンサーの講演」「東葛生のためのサブエアラインから学ぶ」といった将来を考えるきっかけとなるような講座や、「江戸、東京散歩　日本橋から築地へ」をはじめとする校外フィールドワークを伴う講座など、じつに多彩な講座があり、これらを「自由研究」に活かす生徒もいるといいます。

2本柱で行う 東葛飾ならではの進路指導

2019年度の国公立大学現役合格者数が100名を超えるなど、これからの発展が楽しみな東葛飾。ただし、「大学に入ることを目的とするのではなく、その先のキャリアまで大事にしてほしい」と平賀校長先生が話されるように、「進路指導」を、東葛飾では将来を見据えた「生き方」を指導する機会でもあると考え、「進学指導」と「生き方・在《あ》り方教育」の2つを「進路指導」の柱と位置づけています。

その一環として用意されているのが多様な進路行事です。例えば7月の「進路の日」には、高1は千葉大学、高2は各自が希望する大学で、それぞれ模擬講義などに参加し、高3は校内で専門家による講演を聞くという、学年別プログラムを実施しています。

東葛祭（文化祭）

二部制で計3日間行う東葛祭。文化部の発表がメインのⅠ部と、クラス単位で出し物をするⅡ部、どちらも見所満載です。

「前述の『リベラルアーツ講座』も、年度最初の講座は全員が聴く形をとっていて、本校の卒業生から〈生き方〉を学んでいます。リベラルアーツ講座は、知的好奇心を刺激するだけでなく、将来を考えるきっかけとしての役割もあると考えています。

そんな本校で育った生徒たちの進路先はバラエティーに富んでおり、毎年のように東京藝術大学に進む生徒がいるほどです。これだけ進路に多様性が生まれるのは、単なる受験指導にとどまらない『進路指導』はもちろんのこと、本校ならではの特色ある取り組みの影響も大きいと思います。知的好奇心が豊かで、色々なことに興味を持ち、挫けずに学び続ける姿勢のある中学生のみなさん、ぜひ本校に入学して、充実した日々を過ごしてください」（平賀校長先生）

■2019年度大学合格実績　　（ ）内は既卒

大学名	合格者数
国公立大学	
北海道大	2(1)
東北大	6(1)
筑波大	35(4)
千葉大	33(12)
東京大	2(1)
東京医科歯科大	1(0)
東京外国語大	4(1)
東京工業大	8(0)
一橋大	7(3)
横浜国立大	5(1)
その他国公立大	43(20)
計	146(44)

大学名	合格者数
私立大学	
早稲田大	79(26)
慶應義塾大	37(14)
上智大	19(4)
東京理科大	137(54)
青山学院大	30(8)
中央大	43(14)
法政大	84(16)
明治大	95(13)
立教大	58(18)
学習院大	12(1)
その他私立大	373(115)
計	967(283)

画像提供：千葉県立東葛飾高等学校

G 文化祭後夜祭　H アメリカ修学旅行でホームステイ先のファミリーと外出

突撃スクールレポート

淑徳与野《しゅくとくよの》高等学校

〈女子校〉

「心の教育」「国際教育」「進路指導」を教育の柱に据える淑徳与野高等学校は、「エコ&スマートスクール」がコンセプトの地中熱を利用した冷暖房システム完備の新しい校舎で、未来へ羽ばたく女性を育てています。

温かみのある校舎に息づく「共に生きる」精神

JR京浜東北線・さいたま新都心駅をはじめ、埼玉中心部の各駅から徒歩圏内に位置する交通至便な淑徳与野高等学校。120年以上前に尼僧・輪島聞声《もんじょう》が開いた女学校を起源とし、仏教主義に基づく「心の教育」、国際人としての自覚を促す「国際教育」、希望進路の実現をめざす「進路指導」を教育の3本柱に掲げています。

「本校では、仏教の教えを学ぶ『淑徳の時間』、授業の始まりと終わりに行う合掌《がっしょう》、各種仏教行事などを通じて『共生《きょうせい》の精神』を育んでいます。本校を心が安らぐ学校だと言ってくれる方が多いのは、こうした心の教育を大切にしているからでしょう。その落ち着く雰囲気こそ本校の強みだと思います。また、世界平和のためには人々が争わず共に生きることが必要だという考えから、国際教育にも力を入れています。その原点も『共生の精神』なのです」と黒田貴副校長先生は語ります。

例えば、国際教育の一環として行うアメリカ修学旅行は、単なる観光に終始せず、テーマ別研修、姉妹校・提携校訪問、ホームステイなど、現地の人々との交流をメインとしています。

「テーマ別研修の行き先は様々で、あるクラスは、現地のナイキ本社を訪れて『女子高生が考えた新商品』をプレゼンテーションしました。ホームステイはアメリカ

Photo　A 図書館　B 職員室前の質問コーナー　C 利行堂　D 鎌倉研修　E 剣道部　F スポーツ大会

写真提供：淑徳与野高等学校

の生活を肌で感じ、本当の意味で異文化を理解する絶好の機会だと考えています。短期間ではありますが、多くの生徒が貴重な経験をしています」（黒田副校長先生）

国際教育といえば、高1の希望者が3カ月間、アメリカまたはニュージーランドでホームステイしながら、現地校に通う「インターナショナルプログラム（3カ月海外語学研修）」も魅力的です。

親元を離れて異国の地で3カ月過ごすこと、ましてホームステイは1家庭につき1人ですから、最初は日本が恋しくなる生徒がほとんどだといいます。しかし、次第に現地の生活に慣れてきて、精神的に大きく成長して帰国するそうです。さらに英語力も各段に伸びるこのプログラムには、毎年50名程度が参加しています。

4つの類型に分かれ それぞれの道へ一直線

「自分と同じ進路をめざす生徒がクラスにいることで、モチベーションが高まる」ことを狙いとして、高1から希望進路別のクラス編成「類型制」を取り入れるなど、希望進路をかなえるための体制も万全に整えられています。

類型は全部で4つ。「選抜A」は難関国公立大学理系を、「選抜B」は同文系を、「選抜C」は難関私立大学文系をめざし、幅広い進路に対応する「S類」は、高2以降に文・理に分かれる「文理コース」と、「MSコース」の2つのコースに分かれます。とくにこの「MSコース」はプレゼンテーション能力や表現力などを鍛えることを目的としています。

そして、「大学の研究室調べ」「研究小論文執筆」などに加え、「大声選手権」「ボディ・パーカッション大会」「ディベート選手権」といった一見、進路指導と関係がなさそうにみえる行事も、進路指導の一環として位置づけられているのも特徴です。黒田副校長先生によると、これらにも大きな意味があるといいます。

「『進路を切り拓く』と聞くと、1人で黙々と勉強するイメージが強いかもしれませんが、本校はみんなで最後まで頑張ろうという意識を持ったクラスがいい結果を生み出す傾向があるので、これらの行事は団結力を育む機会として最適なのです。それに本校では大声選手権もボディ・パーカッション大会も、そして大学受験も『自己表現』の一環ととらえているので、そのエネルギーを育てているのです。

もちろん教員も生徒を全力でサポートします。我々は保護者の方々に『この学校になら娘を安心して任せられる』と思っていただけるような学校をめざしています。2015年に新しくなった校舎は木をふんだんに使った温かみのある造りとなっていますので、ぜひ実際に足を運び、安心して毎日が過ごせる本校の雰囲気を感じてみてください」（黒田副校長）

スクールインフォメーション

所在地：埼玉県さいたま市中央区上落合5-19-18
アクセス：JR埼京線「北与野駅」・JR京浜東北線ほか「さいたま新都心駅」徒歩7分、JR京浜東北線ほか「大宮駅」徒歩15分
生徒数：女子のみ1118名　TEL：048-840-1035
URL：http://www.shukutoku.yono.saitama.jp/

2019年度大学入試　おもな合格実績

東京大	1名	千葉大	4名
お茶の水女子大	5名	埼玉大	5名
東京医科歯科大	1名	早稲田大	53名
東京外国語大	5名	慶應義塾大	13名
東京農工大	2名	上智大	48名
東京学芸大	2名	東京理科大	33名

東京都立小山台《こやまだい》高等学校

1922年に東京府立第八中学校として創立した東京都立小山台高等学校。東京都立第八中学校、東京都立第八新制高等学校を経て、1950年に現校名の東京都立小山台高等学校へと改称。来たる2023年に創立100周年を迎える伝統校です。

2007年には、難関大学への進学実績向上をめざす都立高校として「進学指導特別推進校」に指定され、きめ細かな学習指導、長期休業中の講習やサテライト講習の実施、夜間自習室の常設、キャリアプログラムの充実など、独自の進学指導体制を確立してきました。

そうした体制のもと、校訓の1つ「力行《りっこう》」（目標に向かって全力で取り組むこと）を生徒自ら体現することで、国公立大学合格者が大幅に増え、さらに私立大学でも100名を超える生徒が早慶上理・MARCHレベルの大学へ現役合格を果たしています。

Grow up 伸びてる都立

このコーナーでは、「伸びてる都立」として、国公立大学をはじめとする難関大学への合格者数をみるみる伸ばしている東京都立高校の２校、小山台と武蔵野北を取り上げます。進学指導特別推進校の小山台、進学指導推進校の武蔵野北、ともに未来を語れる生徒を育もうと、１人ひとりに寄り添う教育を実践していることが近年のすばらしい進学実績につながっているものと編集部ではみています。そんな、いま注目の両校について、大田原弘幸校長先生（小山台）、伊東龍司校長先生（武蔵野北）を訪ねて、それぞれの魅力について語っていただきました。

東京都立武蔵野北《むさしのきた》高等学校

東京都立武蔵野北高等学校は、1979年、地域の「わが町にも都立高校を」という声に応える形で設立された学校です。通称グリーンパークと呼ばれる武蔵野中央公園の一角に設けられただけに、緑に囲まれた環境のなかで勉学にいそしむ環境が整えられています。

大学進学実績では、以前は「MARCH校」と呼ばれていましたが、近年では国公立大学をはじめとする難関大学への進学実績の伸びがめだち、とくにこの３年間、めざましい伸長を示しています。都教委より「進学指導推進校」に指定されて以来、実績を評価されて再指定を繰り返し、さらに現在までに英語教育推進校、TEEP（東京イングリッシュエンパワーメントプロジェクト）実施校、アクティブラーニング推進校、理数教育推進校などに次々と指定されており、都教委の力の入れようがうかがえます。

長きにわたり受け継がれる伝統と「夢をあきらめない」精神を柱とする

所在地：東京都品川区小山3-3-32
アクセス：東急目黒線「武蔵小山駅」徒歩１分
ＴＥＬ：03-3714-8155
ＵＲＬ：http://www.koyamadai-h.metro.tokyo.jp/site/zen/

大田原《おおたはら》 弘幸《ひろゆき》 校長先生

幅広い教養を身につける「小山台教養主義」がベース

「敬愛・自主・力行」を校訓とし、進学指導特別推進校の指定を受ける東京都立小山台高等学校（以下、小山台）は、近年、めざましい合格実績の伸びをみせています。

とくに注目したいのが、大田原弘幸校長先生が着任される前は50名前後だった国公立大学の合格者です。6年前に大田原校長先生が着任したあと、『国公立大学１００名合格』という数値を目標として掲げたところ、徐々に数値が伸び、２０１７年度にはついに１００名を突破（１１５名）、２０１８年度も１００名、２０１９年度も１０３名と、すばらしい実績を残しています。

その要因を伺うと「『小山台精神』と呼ばれる独自の校風と、伝統的に行ってきた様々な教育を大切に受け継いできたことが、近年、実を結んだのでしょう」と話される大田原校長先生。では実際にどんな教育が実践されているのか、みていきましょう。

まず、代々受け継がれてきた伝統として、「小山台教養主義」というものがあります。「すべての教科の勉強が将来役に立つ」という考えのもと、高1は芸術科目以外を共通履修、高2も「物理基礎4単位」「物理基礎2単位＋生物2単位」のどちらかを選択する以外は共通履修という、幅広い教養を身につけるカリキュラムを設定しています。

「ある教科で勉強したことが別の教科の勉強に関連していた、というのはよくあることです。すべての教科の勉強はつながっていますから、文系の生徒も数学を学び、理系の生徒も社会を学ぶことが大事だと考えています。このような『小山台教養主義』のもと、高2まで文理分けをせず、高3で文理を選択するというカリキュラムが、国公立大学の合格者を伸ばすカギになっていると感じます」（大田原校長先生）

そして「苦手な教科」としてあげられやすい数学と英語は、各生徒がレベルに合った指導を受けられるよう、習熟度別授業を実施。数学は2クラス3展開（発展1クラス、基礎2クラス）、英語は1クラス2展開（発展クラス、基礎クラス）です。

さらに国語・数学・英語では、授業をどれだけ理解しているか確認するために、定期的に小テストや課題の提出を行っています。

「これまではどの教科の小テストをいつ行う

か、各教科の教員同士で共有していなかったので、小テストや課題の提出日が重なってしまうことがありました。そこで2019年度からは生徒の負担を減らすために、教科間で連携して小テスト実施日等を分散することにしました。

なお、小テストで授業の内容が理解できていないと思われる生徒は指名して、サポート学習を行っています。1人ひとりの生徒の面倒をしっかりみるのも本校の特色です」と大田原校長先生は説明されます。

「団体戦」の意識を高める 小山台の名物行事・運動会

予備校の「サテライト講座」や「サテライト小論文講座」を教材費のみで受講できるほか、小山台の教員による平日の補習、長期休業中の夏期講習、冬期講習、春期講習などが用意されているのも魅力です。

なかでも特徴的なのが、高2の冬休みにある勉強合宿（2泊3日）です。高2の3学期を「高3のゼロ学期」ととらえる小山台では、合宿前に「第1志望宣言」を自ら行い、この合宿を「受験生としての自覚を持たせ、大学受験を真剣に考える機会」としています。

また、高3は夏期講習と並行して、運動会（9月）の練習に参加するのも小山台ならでは。

1学年8クラスが2クラスずつ4色に分かれ、縦割りで結成した団に所属して、様々な競技で得点を競います。大田原校長先生は、「『体育祭』とせず『運動会』としているのは『祭り』ではなく、競技も応援合戦も真剣勝負だからです。実際に見学に来ていただければ、その真剣さに驚くと思います。

校長室に歴代の校長の写真ではなく運動会で躍動する生徒の写真がずらりと並んでいることからもわかるように、本校では運動会に一番力を入れていて、閉会式では輪になって涙を流しながら校歌を歌うほど、1人ひとりが情熱を持って取り組んでいます。

情熱を持って取り組む行事といえば、合唱コンクールもそうです。練習は定められた期間（10日間）の定められた時間にしかやってはいけないという決まりがありますが、その短期間でクラスが一致団結し、集中して練習に励み、本番を迎えます。

ときどき『練習があるせいで勉強がおろそかになるのでは』というご心配も受けますが、このように、クラスで団結してそれぞれの行事に全力で取り組む経験を重ねるうちに、受験に対しても『みんなで励ましあって団体戦のように臨む』という意識が芽生えます。この『受験は団体戦』という意識も受け継がれてきた『小山台精神』の1つだと思います。

そして、行事には熱中しますが、それを引きずらないのも小山台生のいいところです。まさに本校の校訓の1つ『力行』を体現するように、行事も勉強も、目標に向かって努力しています」と話されます。

府立八中以来の伝統で「班活動」と呼ばれる部活動も、加入率が100％を超えるほど盛んです。各種大会ですばらしい成果を上げる班のなかでも、とくに有名なのが野球班で、2014年には第86回選抜高等学校野球大会（春の甲子園）に出場、2018年度、2019年度は2年連続で全国高校野球選手権の東東京大会で準優勝と、夏の甲子園初出場へもあと一歩と迫っています。

「本校には定時制があるので、班活動は17時までと決まっていて、野球班も例外ではありません。小テストの成績が悪いとサポート学習をしなければならず班活動が制約されるので、班の仲間たちが自習室で勉強を教えあうのが当たり前になっています。こうしたところでも『団体戦』の意識が生まれています」と大田原校長先生。

この自習室というのは、小山台から徒歩2～3分という至近距離にある「小山台会館」

❶運動会（応援合戦）❷運動会（バーゲンセール）❸合唱コンクール（会場：府中の森芸術劇場）

内の自習室です。班活動後にも利用できるように、19時まで開放していることから「夜間自習室」と呼ばれており、チューターとして卒業生の東京大学・東京工業大学等の学生が1名常駐（定期考査前には2名に増加）しているのも生徒に好評だそうです。

「小山台会館の自習室をおもに利用するのは高1・高2で、高3は校内の自習室や図書室を利用しています。学年ごとにうまくすみ分けができているので、互いに遠慮することなく勉強できる環境があります。

夜間自習室をもっと長く開放してほしいという声もありますが、私は『19時』という時間がちょうどいいと考えています。19時まで勉強してそこから家に帰り、ゆっくり食事をとって家族と会話をする。そうした時間も高校生には大切だと思うからです。

ちなみに小山台会館の運営は、公益財団法人の小山台教育財団が行っています。財団は海外研修などへの支援もしてくれていて、そうした多くの先輩たちの支えも、在校生の大きな力になっています。教員としていくつか学校を回ってきたなかでも、本校のそうした『伝統の力』『先輩の力』はとくに大きいと感じます」（大田原校長先生）

文科省からも表彰された キャリア教育プログラム

２０１３年度に文部科学省から「キャリア教育優良校」として表彰を受けた小山台は、キャリア教育にも定評があります。探究型学習プログラムの「ＭＩＲＡＩ」をはじめ、「社会人によるキャリアガイダンス」、「卒業生による進路懇談会」、「学問のおもしろさ体験講座」、「進路講話」など、様々なプログラムが実施されています。

なかでもとくに力を入れているのが、文科省から表彰を受けたあとも少しずつ改良を重ねている「ＭＩＲＡＩ」だそうです。通常の探究学習は、課題設定、文献収集、プレゼンテーションという流れで行いますが、「ＭＩＲＡＩ」では課題設定の前に、社会の第一線で活躍されている方々を講師として招く『キックオフ講義』を実施し、講師から提示された課題に対する解決方法をグループで考え、発表する、という体験を通して、課題設定のヒントを得られるようにしています。

「また、『社会人によるキャリアガイダンス』は、『ヒット商品を考える仕事』（元大手電気機器会社社長）、『宇宙を利用する・宇宙を探る～宇宙プロジェクトができるまで～』（ＪＡＸＡ宇宙科学研究所教授）、『国連で働く～世界の子供たちのために～』（元国連児童基金職員）など、生徒が興味を持ちそうな多様な分野の方々を招いています。

こうしたキャリア教育を、本校では将来の夢を発見させるプログラムと位置づけています。大学に入ることはあくまでも夢をかなえるための通過点であり、大学の先にそれぞれの夢を持っていてほしいのです。

夢はそう簡単にはかなわないので、途中であきらめてしまいそうになることもあるでしょう。しかし、あきらめてしまったら、夢がかなう可能性すらなくなってしまいます。それに、夢を持つことは自分を強くしてくれることにつながります。私は教員の仕事は生徒に夢を持たせることだと考えているので、『小山台ｓｔｙｌｅ＝夢をあきらめない』を合言葉に、これからも生徒に夢を持ってもらうための様々なプログラムを展開していきたいと思っています」と語られる大田原校長先生。

これまで受け継がれてきた「小山台精神」を大切に守りぬきながら、「夢をあきらめない」の合言葉とともに、さらなる発展をめざす小山台の今後に期待が高まります。

❹高2対象の冬期勉強合宿❺現役大学生（チューター）が常駐する自習室❻「MIRAI」の一環、「キックオフ講義」

画像提供：東京都立小山台高等学校

勉強だけでなく様々な経験をし
自信を持って生きていく力を身につける

所在地：東京都武蔵野市八幡町2-3-10
アクセス：西武新宿線「西武柳沢駅」徒歩12分またはバス、
JR中央線「三鷹駅」「吉祥寺駅」ほかバス
ＴＥＬ：0422-55-2071
ＵＲＬ：http://www.musashinokita-h.metro.tokyo.jp/

国公立大学合格実績伸長の要因は風向きを変えたこと

２０１９年に創立40年を迎えた東京都立武蔵野北高等学校（以下、武蔵野北）は、都立高校改革で進学指導推進校に指定され、進学校としての歴史を刻んできました。

そんな武蔵野北がこの3年間、国公立大学合格者の伸びにおいて、卒業生に占める合格者の割合が17％から28％へと、首都圏の私立高校を含めたなかで3年間の伸び率が第8位、都立高校では進学指導重点校の戸山に次ぐ第2位の実績となっています（大学通信調べ、安田教育研究所集計資料より）。

高い難関大学合格実績を誇る数ある伝統校のなかへ、新たに切り込みをかけ始めた武蔵野北。その要因はどこにあるのか、２０１７年度に着任され、学校内に様々な変化をもたらした伊東龍司校長先生のお話を伺いながら武蔵野北の現在をご紹介していきましょう。

伊東《いとう》 龍司《りゅうじ》 校長先生

「教育目標」には、「くじけぬ心とたくましい体を鍛える」「高い知性と豊かな情操を養う」「自律・互敬の精神を培う」が掲げられ、「目指す学校像」として「より高い目標と夢に向かってチャレンジできる学校」「２０２０年以降に向けてチャレンジできる学校」が示されています。

伊東校長先生は「２０２０年以降を見据えることが大切です。２０２０年には東京でオリンピック・パラリンピックがあります。そのため、いったん景気は上がるものの、それ以降は反動で下がるといわれています。また２０２５年ごろは、いまある職業の半分がなくなると予想されています。ですから、今後世の中がどのように変化したとしても、自信を持って生きていく力を身につけるために、勉強だけでなく、様々な経験をすることが必要でしょう」と話されます。

武蔵野北が国公立大学への合格者数を伸ばしている最も大きな要因について伺うと「一番は風向きを変えたことです。新しく様々な取り組みを始め、これまでとは異なる方向から強い風をあてました。もちろん最初はその変化に戸惑う生徒もいました。しかし様々な活動を通して、これまで経験しなかったことを体験し、変化を追い風にしていきいきと取り組んでいます。おかげさまで、現在はこのような取り組みに共感する生徒・保護者が多数集まってきているのが、武蔵野北の強みでもあります」と伊東校長先生。

学習意欲を高めるスイッチを押す

授業については、「授業が基本ではありますが、授業は生徒が勉強に興味を持つ1つのきっかけであって、大切なのはそれぞれが意欲を持って学習に取り組むことです。そのために、教員は生徒の学習意欲を高めるスイッチを押さなければなりません。教え方を工夫して、勉強はおもしろいということを気づかせるわけです。生徒同士で意見交換し、考えを深めあうといったアクティブラーニングも各教科で取り入れています。教える技術を磨くためにはトレーニングが必要ですから、主幹教諭を中心とした相互授業見学チームを組み、日々指導方法を研究しています。

２０１９年度から理数教育推進校に指定され、理化学研究所へ行くバスツアーも始めました。今後は本格的なフィールドワークも授業に取り入れつつ、様々な形で生徒を刺激していきます」と話される伊東校長先生。

こうした取り組みにより、武蔵野北生の学習意欲が向上していることは、多くの生徒が毎日夜遅くまで自習室で学んでいることからもうかがえます。年末は12月31日まで、年始は1月2日から開けており、常時70人以上の生徒が集まるそうです。

自習室は、平日はもちろん、土日も使用可能です（月・水・木19時、火・金20時、土・日17時、定期考査期間中は毎日20時まで）。職員室に隣接しているため、わからないことがあれば、すぐに質問しにいくことができるのも魅力です。また自習室の近くには、生徒用コピー機、補食用のお菓子や市販価格よりかなりお手ごろ価格の自動販売機が設置され、生徒の自学自習を応援しています。

コミュニケーション能力を伸ばすことにも注力

学力を向上させる以外にも、コミュニケーション能力を伸ばすことが大切だと考える武蔵野北。

そのトレーニングは入学して3日後に行われる「スプリングセミナー」から始まります。「スプリングセミナー」では、「武蔵野北電鉄株式会社」という架空の会社に入るためのエントリーシートを書くという取り組みを行います。赤字の鉄道会社を活性化させるためのアイディアを班ごとに考え、その内容をほかの班、教員に向けてプレゼンテーションします。アトラクションのようにもう一度乗りたくなるような列車、だれもが使いやすいバリアフリーの列車を作るなど、様々な案が出されます。

「我々教員が、そのアイディアについて、本当にそれで会社が立ち直れるのか、経費についてはどのように考えているかなど、辛口の講評をして、さらに考えを深めさせます。自分の思いをしっかり伝えつつ、他人の意見を聞くことで、自分の考えていることがすべてではないと気づき、さらにコミュニケーション能力も養われていきます」（伊東校長先生）

そのコミュニケーション能力は、アメリカ海外語学研修や台湾海外修学旅行にも活かされ、一段と高められていきます。

アメリカ海外語学研修は、希望者40名が参加できますが、初年度（２０１９年度）は定員の倍以上の83名が応募しました。参加者は「語学研修が、自分の夢にどのようにつながりますか」「語学研修で学びたいこと」「語学研修の経験を、今後どのように活かしますか」という3つの項目について、自分の言葉（英語）で書くエントリーシートで選抜されました。

「なかには、エントリーシートを飛び出す絵

❶毎日、約70名が使用する自習室❷スプリングセミナーでのひとコマ❸ホームステイをするアメリカ海外語学研修

❹現地の学生と触れあう台湾海外修学旅行❺オータムセミナーを受ける生徒たち❻JETが常駐するイングリッシュラウンジ

本のようなものにして提出した生徒もいました。そうした熱意を持って臨むことが大切です。現地の家庭に1人ずつホームステイをするので、だれも助けてくれませんし、自分の思いは自分で伝えなければなりませんから、やはりコミュニケーション能力が必要になります。あえて不自由な経験をさせることで成長を促します。最初は不安で表情が固かった生徒も、帰国するころにはしっかりと顔を上げ笑顔になっていたのが嬉しかったですね」（伊東校長先生）

同じく2019年度から始まった台湾海外修学旅行では、現地の学生とも交流します。生徒全員が、海外に行く経験から、ツールとしての英語の重要性、勉強すれば自分の可能性をさらに広げられることに気づきます。

オータムセミナーや校内で英語力を磨く取り組みも

そのほかにも、武蔵野北では、様々な取り組みが始まっています。

高2対象の「オータムセミナー」では、国語・数学・英語の教養講座を開講します。大学入試に特化した勉強合宿ではなく、自分オリジナルの英単語を作ってみる、生活に密着した数学を考えてみるといった講座を通して、改めて勉強する意義や自分の現在の立ち位置を確認することで、高校生活の折り返し点をスタートします。また東京大学など、難関大学に進学したOBの講演も楽しみの1つです。

また前述したような海外プログラム以外にも、留学生の受け入れ、イングリッシュDJ（英語放送）、イングリッシュエッセイ（ホームページに掲載）、ブリティッシュヒルズ・イングリッシュキャンプ（福島県）、東京グローバルゲートウェイ、スピーチコンテストなど、英語力を磨く取り組みが多数あります。

なかでも特徴的なのは、校内で生の英語に触れることができるイングリッシュラウンジです。語学指導などを行う外国青年招致事業（JET）で日本に来ているネイティブスピーカーが2名常駐し、昼休みや放課後などに生徒と交流しています。ハロウィンパーティーなどのイベントも開催されるので、異文化も体験できる環境です。

「こうした英語関連のプログラムに、リーダーとして率先して取り組むことを期待し、2020年度入試では、『文化・スポーツ等特別推薦』枠で英語に特化した入試を行います（2名募集）。基準は「英検2級または準1級取得程度の英語力を有すること」です。

本校は、英語教育推進校をはじめとして、英語関連の指定を複数受けており、多彩なプログラムがありますが、決して英語教育に特化した学校ではありません。2020年以降を見据え、身につけなければならない力の1つとして英語力があるということです。

授業や英語関連のプログラム、行事、部活動など、様々な経験を通じて自信を持って生きていくための力を身につけてほしい。もちろん、模擬テスト分析会やOB・OG懇談会などの進路指導プログラムも綿密に行っています。本校には磨けば光る力を持った生徒が集まっていますから、環境を整え、彼らの素質を開花させて卒業させるのが、我々教員の役目です」（伊東校長先生）

着任してから、学内はもちろん、学外の行事や部活動の合宿など、あらゆる場面で生徒を見守ってきた伊東校長先生は「高1、高2は生意気ぐらいでちょうどいいのです。その生意気さが伸びしろとなって、ぐっと成長し、高3では自然と大人になっていきます」と情熱的に話されます。

今回のお話を伺い、武蔵野北では、生徒にただ勉強だけをさせるのではなく、学習意欲を高めるスイッチを押し、色々な経験をさせることで成長を促していることがわかりました。それが結果として国公立大学合格実績の躍進に結びついているのでしょう。

画像提供：東京都立武蔵野北高等学校

あの学校の魅力伝えます
スクペディア No. 10

東京農業大学第三《とうきょうのうぎょうだいがくだいさん》高等学校

埼玉県　東松山市　共学校

所在地：埼玉県東松山市大字松山1400-1　生徒数：男子844名、女子399名　TEL：0493-24-4611　URL：http://www.nodai-3-h.ed.jp/
アクセス：東武東上線「東松山駅」・JR高崎線「熊谷駅」「鴻巣駅」「吹上駅」「上尾駅」・秩父鉄道「行田市駅」・西武新宿線「本川越駅」スクールバス

2020年から大胆な教育改革を実施

「次世代型学力」を伸ばす充実した学習環境

2019年度、創立35周年を迎えた東京農業大学第三高等学校（以下、東農大三）は、3つのコースで、個を活かす学びが用意されています。

国公立大学、難関私立大学をめざし、グローバル課程も始動するⅠコース（進学重視）、学業とクラブ活動を両立しながら現役合格をめざすⅡコース（文武両道）、進学を視野に入れながら競技に力を入れるⅢコースがあり、希望の進路実現に向けて、能力を高める指導がなされています。

また、希望者はバイオ研究の最先端を学ぶ東京農業大学や、IT分野を学ぶ東京情報大学の推薦入試制度を利用することも可能です。

そして、2020年、東農大三では、「次世代型学力」伸長を軸とした多面的な改革を実施します。

教育改革の3本柱の1つとしてあげられるのが、大胆なグローバル化です。世界的な視野と高度な英語力を備えた国際人を育成することを目的としています。

ネイティブスピーカーによる英語の授業をはじめ、海外での語学研修プログラムや留学制度も整っているため、世界標準のコミュニケーション能力を養うことも可能です。

2つ目が実学教育の強化。教科横断型のフィールドラーニングや、大学とも連携したアクティブラーニングなどをより充実させ、生徒たちの主体的な学びを促し、柔軟な思考力、実践力を育てていきます。

3つ目が学内完結型学習体制です。学校の学習だけで大学合格に必要な学力が身につくよう、様々な対策がなされています。放課後に行われる多彩な講座が無料で受けられ、納得いくまで学ぶことができます。夏休みには1日10時間以上学習に打ち込む勉強合宿で、学習意欲を高め、レベルアップを図ります。

個々がめざす大学入試に向けた対策も万全で、それぞれに合った学習計画からモチベーションアップまで、きめ細かくサポートしています。独立型自習室も完備し、学習の進め方や進路についても相談ができる環境が整っていることも心強い点です。

これらの教育改革で、それぞれの自己実現に向けた教育をさらに充実させていきます。新しく生まれ変わる東京農業大学第三高等学校に注目です。

あの学校の魅力伝えます
スクペディア　No. 11

武蔵野《むさしの》大学《だいがく》高等学校

東京都　西東京市　共学校

所在地：東京都西東京市新町1-1-20　生徒数：女子591名（2020年度より男女共学化）　TEL：042-468-3256　URL：https://www.musashino-u.ed.jp/
アクセス：西武新宿線「田無駅」徒歩15分またはバス、JR中央線・西武多摩川線「武蔵境駅」、JR中央線「三鷹駅」ほかバス

「チャレンジ」を胸に共学化で新ステージへ

「仏教精神にもとづく、真の人間教育、人間成就の教育」を建学の精神とする武蔵野大学高等学校。1924年、東京・築地の本願寺内に、武蔵野女子学院を設立したことを始まりとし、その後、西東京市の現在地へ移転した歴史を持ちます。

すでに100年近く、女子教育を続けている伝統校ですが、時代に合わせて教育内容をアップデートし続けてきた学校でもあります。

そこでいま、さらなる教育内容の充実をめざして2019年4月、校名を武蔵野大学高等学校と改めるとともに、まず中学校を共学化、2020年の春には、さらに高校にも男子生徒を迎えて新たな飛躍を遂げようとしています。では、どのような飛躍をめざしているのかを探ってみましょう。

夢をかなえる3つのコース

それぞれの個性を活かしながら世界に貢献できる力を培うことが大切との考えから、「チャレンジ」をテーマに多彩な取り組みを実施、随所に生徒個々の「チャレンジ」を応援する工夫が取り入れられています。

なかでも目を引くのが、生徒の将来を見据えた3つのコース制です。

医学部・国公立・難関私立・海外大学を見据えたコース「ハイグレード」は、文系・理系問わず学び、世界での活躍をめざしてグローバルマインドも本格的に学びます。

国内国際系私立（上智大学・国際基督教大学など）・海外大学をめざすコース「PBLインターナショナル」は、PBL（Project Based Learning　課題解決型学習）を用いて、知識だけでなく課題解決能力も磨く内容です。専用カリキュラム内で長期の海外留学ができる点も魅力です。

武蔵野大学を中心に幅広い進路をめざすコース「本科」では、高校生活を通じて自分のやりたいことを見つけ出し、進路へつなげます。

そのほかにも、WEBデザイン、ロボット工学、哲学対話、絵画、能楽、社会課題探求、音楽プロジェクトの特別講義を受講できる「LAM（Liberal Arts Musashino）」、AIやICTを導入した英語教育など、色々な場面で生徒の「チャレンジ」を支えます。

2020年度から大きく変化する武蔵野大学高等学校。新たなスタートに注目が集まっています。

あの学校の魅力伝えます
スクペディア No.12

千葉《ちば》日本《にほん》大《だい》学《がく》第《だい》一《いち》高等学校

千葉県　船橋市　共学校

所在地：千葉県船橋市習志野台8-34-1　生徒数：男子707名、女子406名　TEL：047-466-5155　URL：http://www.chibanichi.ed.jp/shs/
アクセス：東葉高速鉄道「船橋日大前駅」徒歩12分、新京成線「習志野駅」徒歩18分、新京成線「北習志野駅」ほかバス

受験勉強に偏らない多彩な学びで希望進路を実現

日本大学（以下、日本大）の付属校として1968年に開校した千葉日本大学第一高等学校（以下、千葉日大一）。日本大が掲げる建学の精神「自主創造」をくみつつ、「真」「健」「和」の3つを独自の校訓としています。広大な敷地を活かした多彩な学校行事や、日本大との連携授業など、特色あるカリキュラムが魅力です。とくに医歯薬学部研修は付属校のなかでも千葉日大一独自のプログラムです。

丁寧な学習指導と人間性を育む学校行事

千葉日大一では、生徒それぞれの目標を実現するため、2つのクラスで進路に合わせた学習指導を行っています。

国公立を含めた難関大学への進学をめざす「特進クラス」では、基礎学力定着のサポートを充実させたうえで、ハイレベルな授業を展開しています。多彩な補習や講習があるほか、小論文の個別対応も行うなど手厚い指導が行われています。

一方「進学クラス」では日本大への推薦入学を見据え、充実した高大連携プログラムを通して自分が本当に進みたい学部を選択していきます。他大学の一般入試に向けた指導も行われており、多様な進路の実現を支えています。

このように生徒の目標に合わせてきめ細かい学習指導が行われている千葉日大一ですが、受験に向けた勉強だけでなく、人間性を高めるための体験学習も重視されています。

総合学習の一環として行われる芸術鑑賞会では、高1で落語などの古典芸能、高2でミュージカルなどの現代劇を鑑賞し、生徒の感性を豊かに育てます。また、高1を対象とする「いのちの授業」では、現役の助産師による講演を聞いたうえで、ベビーモデルを抱く、赤ちゃんの心音を聞くといった貴重な経験を通じて命の重さを体感します。

さらに、中高合わせて1800人が競う体育祭や、生徒主体となって行われる文化祭などの行事に参加することで、仲間との連帯感やきずなを深めます。

このほか、フィリピン、オーストラリア、イギリス（ケンブリッジ大学）での語学研修（希望者）を実施し、グローバル教育にも取り組んでいます。充実した学校生活のなかで、高い学力と人間性を養うことができる学校です。

2020年度入試直前展望

いよいよ入試本番が、もうすぐそこです。このコーナーでは2020年度の首都圏（東京、神奈川、千葉、埼玉）の高校入試について、まず私立高校を、48ページからは公立高校について入試展望を試みます。展望の観点は、受験生がその学校を多く受験するかどうかです。なお、情報とデータは、安田教育研究所と大学通信の協力を得ました。

増えてきた私立校への志向 上位校は学科試験を重視

私立入試の仕組みは二重構造 推薦入試と一般入試2本立て

都県によって内容が異なりますが、首都圏での私立高校の入試は二重構造と言ってよく、推薦入試と一般入試と呼ばれる2つのシステムがあります。

推薦入試は、ほとんどの学校で実施されており、募集人数の50％までを募集することができます。

つまりは生徒の半分は推薦入試での入学者という学校が多いということです。

入試開始日は、東京と神奈川では推薦が1月22日以降、一般入試が2月10日以降と決められています。

埼玉は推薦入試、一般入試などの制度による日程区分は設けておらず、1月22日以降にどちらでも実施することができます。

千葉県の私立高校入試には前期と後期があり、前期は1月17日以降、後期は2月5日以降に行われています。前期に推薦入試、後期に一般入試を行う学校が多くみられます。いまはほとんどの学校が前期重視となっており、前期入試の結果で進学する私立高校が決まる生徒がほとんどです。

前期で特待生入試などの一般入試を実施する学校もあります。

また、一般入試しか行わず学力を最重視している学校が9校あります（45ページ参照）。

各都県の一般入試は3科目〜5科目の学科試験に加えて、調査書、面接などによります。

実施内容は各校が独自に決めて選考を行います。

これまで私立高校の学科試験は、普通は国語・数学・英語の3科目でしたが、東京の**開成**や、千葉の**渋谷教育学園幕張**、**市川**などの難関校は、社会・理科を加えた5科目の入試を行っています。そしていま5科目入試の学校が増える傾向にあります。

これらの学校の特徴は、中学校を併設していることです。中学上位校の入試は国語、算数、社会、理科の4科目で行っていますから、高校入学後、社会、理科も一定程度の力を持っていないと、中学から入学した生徒と学力がそろわない、という現状が背景にあります。

また、難関校は大学進学で国公立大志向が強く、そのときは国語、地理歴史、公民、数学、理科、外国語6教科すべての力を幅広く試されます。やはり、広範な学力がないと、大学入試の対策が進む授業で厳しい時間を過ごすことになります。

難関大学をめざそうという家庭では、高校入試でも、これらの一般入試で上位校を狙っていく生徒が増加傾向にあります。

また、このあと東京の項目で述べますが、東京23区内で難関といわれる大規模私立大学が合格者を絞っていることを要因として、私立大学の附属校、系列校への志願者がこのところ増加しています。その傾向は2020年度入試でも継続することになります。

就学支援金の拡充で 私立高校志望が増加へ

さて2020年度から、国の「私立高等学校等就学支援金制度」が拡充されます。年収590万円未満の家庭を対象に、私立高校授業料の全国平均額にあたる約40万円（文部科学省「私立高等学校等授業料等の調査結果」）が該当の家庭に支給されることになりました。

このことも私立高校の教育が評価されることにつながります。

最近、首都圏では公立高校を第1志望とした併願私立ではなく、私立高校を第1志望として受験を考える家庭も増えてきていました。

そこへ私立高校進学への就学支援金が見直されて拡充された、この新制度により、これまで経済的な事情で私立高校を選択できなかった生徒にも、選択肢として私立高校が視野に入っていくことになります。

このあと、各都県別に入試展望を述べていきますが、いずれの都県でも、公立高校志望が減り、私立高校志望が増えている状況に変わりはありません。

ふくらむ私立高校への期待 大学附属中心に人気集まる

東京 私立

東京都の私立高校動向からみていきましょう。今回参考とした模擬試験は進学研究会のいわゆるVもぎですが、この模試では私立6校まで志望校を記入することができます。記入された数から、その学校の志望者数を昨年と比較することでその動向を予想しています。

続いている大学附属校人気 軒なみ昨年を上回る

東京都内の私立高校志望について、とくにめだっているのは、大学附属校への人気が続いていることです。早慶やMARCH（明治・青山学院・立教・中央・法政）などの難関大附属は、ここ数年高い競争率で推移しています。

2019年度入試でも、大学附属校が多くの受験生を集めました。東京の私立大学は入学定員厳格化などで大学入試が厳しくなっているため、高校段階から附属高校をめざして系列の大学を狙おうとする受験生が増えているのです。

通常、高校入試の競争率は1～1・5倍程度ですが、早慶、MARCHのほとんどの附属校が2・5～4・5倍という高い倍率でした。

昨年の注目は**中大附属**や**東洋大京北**で、例年より大幅にアップしました。模擬試験での記入でも、今回も受験生が集中する勢いは止まっていません。2校のほか、**中大杉並**、**中大高**、**早大高等学院**、**青山学院**、**早稲田実業**などが模擬試験の判定校として多く記入されていました。

大学附属校のなかで、判定校として昨年より減っていたのは**二松學舎大附属**があった程度です。

女子校からの共学化校 いずれも志望者増える

2020年度入試のこのほかの特徴として、女子校からの共学化がめだちます。

小野学園女子が**品川翔英**に校名変更して共学になります。同時にコースも改編します。募集数は絞ることになりましたが、多くの志望者が集まっています。

武蔵野大高は2019年度に「武蔵野女子学院」から校名を変更して中学が共学化したのに続き、2020年度は高校も共学化します。

武蔵野大附属千代田は、女子のみの募集だったリベラルアーツコースと看護・薬学系のメディカルサイエンスコース、医学系のメディカルインテリジェンスコースをともに共学化し、全コースが共学となります。

模擬試験動向を見ていると、やはりこの3校には人気が集まっています。

このところ新機軸を打ち出している**村田女子**も人気が集まりそうです。商業科の募集を中止し、進学特化を表明していますが、２０２１年度からの共学化を示していることも追い風となりそうです。

一方で、**本郷**が２０２１年度から、**豊島岡女子学園**は翌２０２２年度から高校入学生の募集を停止します。これらの動きから、今後は上位進学校ではさらに厳しさを増すことになります。ただ、女子では上位進学校で高校募集を展開している学校がなくなるため、都立の進学指導重点校に上位生が流れる可能性もあります。

模擬試験の動向では本郷が少し減らしました。高校募集をやめる理由の1つ「内進生との学力格差」が心配を呼んでいるのかもしれません。

のしかかる大学入試不安で附属校人気は続くことに

さて、48ページからの都立高校の動向と、このページの都内私立高校の動向を見比べてみると、私立志向が広がっている中身には、都内私立大学の難化がやはり色濃く反映されているようです。

上位の私立大学附属を狙っている層では、先ほどの豊島岡女子学園のところで述べたように都立の上位校

大学入試改革不安も底流に

が滑り止めとなっています。

いま、大学進学が当たり前のようになり、しかも現役志向が強くなっています。さらに大学入試改革の行方があいまいになって大学入試の難化懸念もあります。そこで「大学に行けなかったら……」という不安が、受験生にのしかかっており、それが中学生・保護者にも影響しているのでしょう。

この傾向は今後も続くものと思われます。

神奈川　私立

神奈川では高校募集の再開など、入試変更点でいくつかのトピックスがあります。それもふまえて、今回の模擬試験での各校の増減応募者の予想を試みてみます。これから卒業する3年生の数が1つの目安ともなります。

法政国際、鎌倉学園など増えている書類選考

神奈川では一般入試で「併願受験」を設けています。学科試験は受験しなければなりませんが、各校が定める基準を満たせば、入試前にほぼ合格が担保されます。さらに最近は、

併設中学からの内進生数で高入生募集が減る中大横浜

一般入試を「書類選考」で行う学校が増えています。

これは、前もって求められる書類を提出し内申の基準を満たしていれば、学科試験を受けることなく入学が許可される試験方式です。**法政国際**、**法政二**は第1志望者に限定していますが、**鎌倉学園**や**桐蔭学園**などは他校併願が可能です。

男女共学化の横浜が女子の人気も集めている

神奈川私立では、**聖セシリア**が高校募集を再開します。

また、男子校だった**横浜**が男女共学化します。横浜は共学化へのＰＲ期間を長くとっていたこともあって、かなり人気が高くなっています。

また、これは公立校の話になりますが、横浜市立の人気校横浜サイエンスフロンティアが、中学からの内部進学のため募集が2クラス減ってしまい、敬遠傾向が出ていることを別項（51ページ）で述べます。

同様に人気が集まる**中大横浜**も併設中学からの進学生が入ってくるため、敬遠する受験生が増えそうで、募集定員を大きく減らしそうです。

さて、今春の卒業生数に注目してみます。私立高校には「定員」という制度があります。各校が勝手に生徒を集めたら、いくつかの学校に生

徒が集中してしまい、経営が成り立たない学校も出てしまうため、県がそれぞれの学校に生徒数（定員）を割り振っているわけです。

その定員は、学校全体（1年生〜3年生）で決められています。卒業生の数に目を配れば、新入生の数もおおよそ想像できるというわけです。卒業生の数がいつもより減っていれば新入生も減り、増えていれば新入生も増えるのでは、というわけです。ただ、そのほかの要素も加わりますので「絶対」とは言えません。

卒業生が多いときは新入生も多くなる傾向がある

エデュケーショナルネットワークの調べによれば、卒業生が3学年平均より10％以上少ない私立高校は**アレセイア湘南、柏木学園、湘南学院、聖ヨゼフ学園、立花学園、**桐蔭学園、**東海大相模、武相、緑ヶ丘女子、横浜学園、横浜創英、横浜富士見丘**でした。これらの学校は推薦入試を含め合格者が少なめになる可能性があります。

逆に卒業生が3学年平均より10％以上多い学校は、**鎌倉女子大高、鵠沼、向上、鶴見大附属、藤沢翔陵、横浜商科大高、横浜翠陵、横浜清風、横浜創学館、横浜隼人**です。これらの学校は合格者を増やす可能性があります。

2020年度入試直前展望

千葉 私立

市川と昭和秀英も後期廃止 前期で決めたい私立の入試

千葉では公立高校の入試がこの入試を最後に、来年度（２０２１年度）入試から前期、後期制を廃して一本化されます（52ページ参照）。これに伴って私立高校でもこれまでにも増して前期の重さが増すようになりそうです。難関校、上位校は続々と「前期のみ」への移行を表明しているのをみてもこの傾向がわかります。

最難関の渋谷幕張はすでに前期のみの入試

千葉の私立高校は、学科試験が行われる一般入試の成績で合否を決める高校と、中学校の成績で前もってほぼ合否が決まってしまう、つまり「入試相談」のある推薦入試で決まる高校の2種に分かれます。

千葉の私立高校のほとんどは後者の学校です。前者の学校は9校にすぎません。9校は難関校、上位校と呼ばれる普通科の学校で、渋谷教育学園幕張、市川、**昭和学院秀英、専修大松戸、日大習志野、芝浦工大柏、成田、麗澤、千葉日大一**の9校です。

このなかで最難関校を選べば、渋

難しい千葉私立校の増減予想

谷教育学園幕張、市川、昭和学院秀英の3校でしょう。このうち市川と昭和学院秀英が今春から後期入試を廃止します。渋谷教育学園幕張はもともと後期を実施していません。

千葉日大一の募集数が前後期合わせ50人も削減に

2番手校のなかでは、千葉日大一が募集定員を削減し、前期募集１００人、後期募集20人になります。前年まではそれぞれ１３０人と40人でしたから大きく減ることになります。

これらの影響として、東京の上位層が腕試しに受験する場合に選ぶ学校が減ることとなり、千葉全体の受験者数は減少しそうです。

千葉の私立高校では前期でほとんどの合格者が判明しますが、前期入試で2日間の入試日程を組んでいる学校があります。

2日間入試を行う学校の受験生には、「1日目だけ受験」「2日目だけ受験」「2日とも受験」の3パターンがあるのですが、学校は入試結果の発表では、2日間の受験者総数と合格者数しか発表しません。2日とも受験すると実質は1名の受験なのに受験者数は2名となり、合格・不合格はどちらか1名になりますから、この数字からは明確な情報を探れないことになります。

また、前述で後者とした入試の学校は、入試相談で合否がほぼわかってしまうので、合格発表数から調べられることには意味はなく、合格発表をしない学校さえあります。さらに複数回受験で優遇されることもあるのでわかりにくさ倍増です。

そこで神奈川と同じように、エデュケーショナルネットワークが調べた卒業生の数に着目しました。

今度の卒業生が3学年平均より10%以上少ない私立高校は**千葉聖心、東京学館、東京学館船橋、二松学舎大柏、和洋国府台**です。

これらの学校は新1年生の数を絞る可能性があり、入試相談でも昨年までより辛めの返答だった可能性があります。

逆に卒業生が3学年平均より10%以上多い学校は、**暁星国際、敬愛大八日市場、昭和学院、不二女子**です。

これらの学校は合格者を増やす可能性があります。

埼玉　私立

埼玉私立高校の志望者増減を予測してみる資料も多くはありませんが、まずは昨年秋の各中学校での進路希望調査の結果からみていきましょう。

早大本庄が二次の面接廃止　他の難関校受験生に影響も

早大本庄の入試は2月9日の筆記試験のみに

埼玉の私立高校の入試改編でめだつのは、難関校の1つ**早大本庄**が一般入試、帰国生入試ともに筆記試験の1日のみ（ともに2月9日）とし、二次試験（面接）を廃止することです。

これによって、これまで面接の日には他校を受験できなかったその他の難関校の受験生に動きが出てくるはずです。

この日程変更は受験生を拘束する受験日程を少なくし、受けやすくすることで他の難関校との併願者を増やそうとする早大本庄の思惑でしょうか。

さて、２０１９年の10月1日に実施された中学3年生への進路希望調査の数字を追いかけてみましょう。

この調査では併設中学校生徒の志望分も含まれていますので、志望者の合計数を比較することはあまり意味がありません。ただ、そこに含まれている併設中学校から入る中入生の数は毎年ほぼ変わりませんから、高入生を予測することはできます。

浦和麗明、栄北に増加予想 秋草、浦和学院、花咲徳栄も

併設中学校のない学校では、**浦和麗明**と**栄北**を希望する生徒が多く、とくにめだちました。

また、**秋草学園**、**浦和学院**、**花咲徳栄**も続きました。**東野**もやや増えています。

昨春、中学新設で注目された**細田学園**は、連動して高校受験生も増加しましたが、その勢いが続くかどうか。まだ中学の卒業生はいませんから当然ですが、昨年の数字にも今年の数字にも併設中学校からの進学志望者は含まれていません。

山村国際は、このときの調査では志望者マイナス58人と最も多い減少数に転じていますが、昨年が大きく増えていたための反動です。

次に併設中学校がある学校への高入志望は**大宮開成**、**浦和実業学園**、続いて**星野**と記入した生徒が多くみられました。

春日部共栄、**国際学院**、**埼玉平成**、**狭山ケ丘**、**自由の森学園**、**西武学園文理**、**東農大三**、**本庄第一**なども増えています。東農大三は昨年に続く増加です。

昌平が減り、**開智未来**と**東京成徳大深谷**もやや減っています。昌平と東京成徳大深谷は昨年増えた反動、開智未来は難化したことからの風向きでしょう。

こちらもエデュケーショナルネットワーク調査による卒業生数を見てみましょう。

今度の春の卒業生が、3学年平均より10％以上少ない私立高校は秋草学園、浦和実業学園、浦和麗明、**開智**、**東農大三**、**本庄東**です。一概にはいえませんが、これらの学校はこの春の入試での合格者数を絞る可能性があります。

逆に卒業生が3学年平均より10％以上多い学校は、**大妻嵐山**、**秀明英光**、**城西大川越**、**正智深谷**、**城北埼玉**、**聖望学園**、花咲徳栄、星野、本庄第一、**武蔵越生**です。これらの学校は合格者を増やす可能性もあります。

【志望増予想校20】中３進路希望調査（2019年10月１日）より

	学校名	進学希望者数	前年進学希望者数	増減
1	大宮開成	298	212	86
2	浦和実業学園	282	200	82
3	浦和麗明	159	97	62
4	栄北	172	113	59
4	星野	412	353	59
6	春日部共栄	254	202	52
7	埼玉栄	498	449	49
8	西武学園文理	206	166	40
9	自由の森学園	139	101	38
10	浦和学院	310	273	37
11	東農大三	308	272	36
12	栄東	341	309	32
13	秋草学園	103	81	22
14	花咲徳栄	233	212	21
15	国際学院	83	63	20
16	東野	62	50	12
17	細田学園	136	126	10
18	武蔵越生	128	119	9
19	城西大川越	122	114	8
20	城北埼玉	131	125	6

中学持つ高校の志望者は浦和実、大宮開成が増

東京 都立

東京都立高校の入試では、ここ2年連続で3次募集を実施するほど欠員の多さがめだっています。2020年度入試では例年より募集数を削減しますが、その多くは定員割れ校や低倍率校で、受検者全員が合格する入試は減りそうです。一方、難関校・人気校では緩和はしないものの、学校によって応募者に変動がありそうです。

欠員募集を減らす狙いか 募集人数を大きく削減

2020年度は都内の中学卒業予定者数が1171人減り、7万5403人になる見込みです。これに対し、都立高校では32クラス1225人削減し、4万470人を募集します。これまでは生徒の減少数に対して5～6割程度の削減でしたが、2020年度は生徒の減少数を上回る削減です。

2020年度入試直前展望

安田教育研究所代表　安田　理

昨年のような全入校は減少か

都立高校では人気校が高倍率を維持する一方、定員割れ校も多く、2次募集数は1138人→1647人→1443人と1000人を超え2年連続で3次募集が行われました。私立高校では、定員割れになっても不合格になることは珍しくありません。しかし、都立高校をはじめ公立高校では受験生が募集数を下回ると全員合格になるのが一般的です。

募集数を削減する高校の多くは定員割れ校や低実倍率校です。今回の募集数の大幅な削減には欠員募集を減らす意図が見えます。難関校・人気校への影響はほとんどないと考えていいでしょう。

■都立高校・おもな変更点

[募集停止校]

荒川商業（総合ビジネス、6学級）、**五日市**（商業、2学級）

[募集増加校]

五日市（普通・ことばと情報、2→4学級）

[募集削減校]

八潮、大森、蒲田、広尾、光丘、竹早、大山、竹台、足立東、葛西南、片倉、小川、山崎、拝島、東大和、武蔵村山、羽村、永山、大泉桜、板橋有徳、中野工業、北豊島工業、大田桜台、野津田（体育）、**世田谷総合、東久留米総合**（すべて1学級）

[男女別定員緩和]

東、深川、鷺宮、大山、**葛飾野、南葛飾、**拝島、武蔵村山、羽村

[推薦入試新設]

八丈

都立高校志向の減少 私立高校志向の増加

ここ3年ほど、都立志向が減少し、私立志向や通信制の希望数が増加しています。都立の2次募集人数は合計で4桁を超え続けています。

一方、都内私立高校の推薦入試では応募者が増えています。

都立希望が減り、私立希望が増え続けているおもな理由としては、以下の3点が考えられます。

①授業料無償化で公私間学費の格差が縮まった。

②都内23区内の私立大学の定員の厳格化により、私立大学が合格者を絞ったことで難化し、私立の大学附属校への期待感が高まった。

③2021年冬以降の大学入試改革への対応力が公立高校より私立高校にありそうだ、と考える受験生・保護者が増えた。

③については、英語4技能に関する民間検定試験の活用が延期、共通テストの記述問題導入も見送りとなったため、今後の影響は少なくなることが予想されます。しかし、2020年度以降も私立志向が下がるとは考えにくく、都立の希望率低下傾向は続きそうです。

とはいえ、毎年都立高校を受検して不合格になる生徒は1万人を超え

難関校ほど難しい合格者数と入学者の読み

ていて、4人に1人の割合で不合格になっています。人気校では相変わらず厳しい入試が続いています。「緩和しているから」といって油断するのは禁物です。

昨年入試で驚かせた日比谷の2次募集は続くか?

2019年度入試で話題になったのが**日比谷**の2次募集実施でした。推薦入試で男子3・06倍、女子3・80倍、一般入試では男子1・82倍、女子1・74倍の実倍率の高さですから、本来であれば定員割れは起きません。しかし、合格者の入学手続き率が予想を下回ったため、2次募集で定員5人を募集しました。結果は171人応募、163人受検、8人合格、実倍率20・4倍という大変な高倍率でした。

都立トップ校の日比谷では毎年、難関国私立高校との併願者が多く、試験と合格発表が先に行われる国私立高校に進学する生徒の多くは試験を当日欠席します。しかし、「都立でも合格できるか試したい」「合格できたなら、それから進学先を決めたい」という受験生もいます。そのため、日比谷をはじめとした難関都立高校では辞退者が出ることを見込んで定員より少し多めに合格を出します。2019年度の日比谷は男子9人女子7人を定員より多く合格させています。

2014年度には男子18人女子16人を定員より多く合格にしているので、5年間で半減しています。先に触れたように私立志向や大学附属校人気が高まるなか、成績上位生の動向に変化があったのかもしれません。

また、一部の難関国立大学附属校での繰り上げ合格の増加が影響した可能性もあり、神奈川の**慶應義塾**や公立難関校の**横浜翠嵐**や**湘南**でも入学数に変化がありました。

2020年度はこのような事態を避けるべく、日比谷をはじめ、国公私立を問わず各難関校が合格数を増やすのか注目されます。

合格数に変化がなければ、2年連続で2次募集を行う都立難関校があるかもしれません。

模擬試験での事前調査では上位層で安全志向も

10月の進学研究会の模試結果では専門学科が少し減少した分、普通科を志望する割合が微増しています。

普通科を難度ごとに分けてみると、難関校から上位校までは微減傾向にあり、**国立**や日比谷などの難関校より**新宿**や**国分寺**、**駒場**の男子、**北園**の女子などの減少がめだちます。中堅上位校から中堅校での増加が多く、上位校での安全志向が働いているようです。

一方、**青山**や**西**は増加していて、人気の高さがうかがえます。成績中下位層では私立の併願校を確保したうえで都立第1志望校にチャレンジする動きもあるようです。

大学入試では見送られたがスピーキングテストは実施へ

東京都では2021年度から公立中3生全員を対象にスピーキングテストを実施、その結果は2022年度の都立高校入試で活用される予定です。タブレット等の端末とヘッドセットを使った音声による出題に対し解答音声を録音する方式で11月～12月の休日を使用して行い、受験料は都が負担します。

すでに今年度、その11月～12月に抽出された公立中学校で中3生800人を対象にプレテストが実施されました。2020年度も今度は8万人に対象人数を拡大してプレテストが行われる予定です。

2021年1月から大学入試では「大学入試センター試験」が新しく「大学入学共通テスト」に代わり、英語の4技能（読む・聞く・書く・話す）については民間検定試験の利用が導入される予定でした。しかし、地域によって公平性が保てないなどといった理由から延期が公表されています。

東京都が行うスピーキングテストでは機器を使用し、受験料も無料なので、地域が違っても公平に受けられるという判断から、延期や中止の可能性はなさそうです。

神奈川 県立 市立

マークシート方式が一部導入されてから4年目となる神奈川の20年度入試では、特色検査で自己表現検査を導入する高校が増えます。また、その多くが昨年からスタートした共通問題・共通選択問題を実施します。公立中学卒業予定者数も減るので、公立高校の募集数も減少する見込みです。

共通・共通選択問題の自己表現検査実施校が7校から17校に増加

神奈川県の公立高校入試の学力検査では、5科共通問題に加えて、一部の高校では特色検査を実施しています。特色検査には自己表現検査と実技検査の2種類がありますが、学力向上進学重点校や学力向上進学重点校エントリー校で実施されているのは自己表現検査です。

2020年度入試直前展望

共通問題・共通選択問題の採用校の変化に注意が必要

自己表現検査には作文やグループ討論、スピーチなど様々な方式があります。そのうち各教科の総合的な力が問われる論述問題形式が最も多く実施されています。

論述問題は各校が独自に作成していましたが、2019年度からは県共通問題・共通選択問題が導入され、横浜翠嵐、湘南、**柏陽**、**厚木**の学力向上進学重点校4校と**希望ケ丘**、**平塚江南**、**横須賀**を合わせた7校で実施されました。

2020年度は学力向上進学重点校エントリー校13校と重点校4校を合わせた17校で共通問題・共通選択問題による自己表現の特色検査を実施します。実施校17校のうち、**横浜緑ケ丘**では学校独自の記述型を実施していましたが、2020年度は共通問題・共通選択問題になります。**光陵**は2年ぶり、**小田原**は3年ぶりの実施です。

また、実施校17校の特色検査が共通化するのにあたり、マークシート方式も一部導入されます。解答用紙は17校共通ですが、共通選択問題は実施校によって異なります。そのため、不要な解答欄が存在するうえに、記入すべき解答欄も学校によって違うことになります。

独自問題等を行う自己表現検査実施校は3校あります。**市立横浜サイエンスフロンティア**、**横浜国際**（国際バカロレアコース）が記述型、**神奈川総合**（国際文化コース）が討論型の独自検査を実施します。

川和、横浜平沼、多摩など7校で初の自己表現検査

今回、初めて自己表現検査を行うのが、**川和**、**鎌倉**、**多摩**、**横浜平沼**、**大和**、**相模原**、**茅ケ崎北陵**の7校です。いずれも学力向上進学重点校エントリー校で例年の人気校ですが、自己表現検査対策が必要になる分、志望者の一部から敬遠される可能性もあります。

これまでは自己表現検査を避けて横浜翠嵐ではなく川和を志望していた受験生が**市ケ尾**等にシフトするのか、あるいは「どうせ自己表現検査対策が必要なら」と横浜翠嵐にチャレンジするのか、その動向が気になるところです。

毎年10月下旬に行われる進路希望調査で希望数を増やしたのは、17校のうち横浜翠嵐、川和、横浜平沼、横須賀、小田原、大和の6校でした。湘南は前年と同数、他の10校では減少しています。

自己表現検査を初めて実施する7校のうちでは3校で増加していますので、敬遠傾向が働くとは限らないようです。

出願数が進路希望調査と同じ動きになるとは限りません。自己表現検査実施校が増えても一部の難関校には人気が集中、全体的には分散する傾向があるようです。

募集数減っても人気衰えない横浜サイフロ

同調査で川和と同じエリアにある市ケ尾は減少していますが、この調査で減少していながら実際には増えたこともあるため油断は禁物です。一方、多摩と同じエリアにある**新城**は100人以上増加しています。

このように、自己表現検査を実施しない、その次に位置する難度の高校では応募数が増える可能性があり、注意が必要です。

学力向上進学重点校4校の人気動向はどうなる？

公私立を問わず受験生の人気を左右する要因の1つに東京大学（以下、東大）の合格者数がありますのでチェックしてみましょう。

新たな学力向上進学重点校に先行指定された横浜翠嵐と湘南とを比べてみます。

2019年度は横浜翠嵐が2年前から34人→14人→21人と増加したのに対し、湘南は18人→25人→19人と減少しました。実倍率では横浜翠嵐が1・62倍→1・61倍→1・83倍→1・84倍、湘南は1・38倍→1・26倍→1・37倍→1・64倍と推移。両校とも人数・実倍率とも上昇しています。希望調査でも前年を下回っていないので、大きく下がることはなさそうです。

厚木は東大合格が1人→5人→2人とこのところ減少し、**柏陽**は5人→0人→4人と盛り返しています。

厚木の実倍率は1・23倍→1・22倍→1・23倍→1・27倍、柏陽は1・43倍→1・46倍→1・27倍→1・42倍と両校とも上向いています。今年の大学入試結果が判明する前の倍率ですので、両校の結果を見る限り、東大合格数は実倍率にさほど影響をおよぼしていないようにみえます。

募集人数の増加率はほぼ変わっていない

2020年度の神奈川県での公立中学卒業予定者数は前年より1621人、2・4％減の6万7081人です。

公立高校では1248人、2・9％減の4万1829人を募集の予定です。これは人口減少の割合を上回る削減です。

平均実倍率は2016年度から1・21倍→1・20倍→1・19倍→1・19倍と推移しています。募集数は減少しますが、定員割れ校も年々増加傾向にあるため、2020年度もそう大きく変わらないでしょう。

2020年度は県全体で24クラス分削減されますが、定員増校はありません。以前のような難関校での臨時募集増やその翌年の募集減もなく、前年に続き低実倍率校での募集減がめだっています。

定員を80人削減する横浜サイエンスフロンティア

例外は中学からの内部進学1期生が高校進学する市立横浜サイエンスフロンティアです。

2クラス80人減り、一般募集数は238人から158人と大きく減ります。

これを受けて10月の進路希望調査では希望数が365人から296人に減少しています。定員削減で敬遠されたのでしょう。しかし、80人募集数が減ったのに69人しか希望数は減っていないため、実倍率は前年を上回る可能性があり、人気の高さがうかがえます。

2020年度神奈川県公立高校　特色検査実施校

［自己表現　論述問題（一部マークシート）共通問題・共通選択問題］
学力向上進学重点校（4校） 横浜翠嵐・湘南・柏陽・厚木
学力向上進学重点校エントリー校（13校） 横浜緑ケ丘・希望ケ丘・光陵・川和・横浜平沼・多摩・大和・相模原・横須賀・鎌倉・平塚江南・小田原・茅ケ崎北陵
［自己表現　論述問題　独自問題］
横浜国際（国際バカロレアコース）※実技（口頭での英問英答）もあり 横浜市立横浜サイエンスフロンティア
［自己表現　グループ討論］
神奈川総合（国際文化コース）

千葉
県立
市立

千葉では、現中学2年生が受検する2021年度入試から、入試機会を一本化する（基本的に1回の入試）ので、今回の2020年度入試が、現行制度で最後の実施となります。大きな制度変更を前にして県立船橋の理数科が前期選抜のみの募集に変更されます。

2020年度入試直前展望

募集人数削減の波 2年連続で増員校はゼロに

2020年度は県内の中学卒業予定者数が約480人減り、約5万3420人になる見込みです。これに対して公立高校では440人募集数を削減します。

こうした卒業者数の増減に合わせて、毎年、複数の高校で臨時定員変動を実施しています。地域によって人口変動が違うため、増員校と減員校との両方ある場合がほとんどですが、2019年度に続いて2020年度も増員校はありませんでした。

減員校は11校で、すべて1クラス40人の削減です。学区ごとにみていくと、2学区の4校が最も多く、6・9学区の2校が続き、1・3・5学区で1校、4・7・8学区では減員校がありませんでした。

近隣他都県と同様、千葉でも欠員募集は増加傾向にあり、2019年度は前年の651人から870人に2次募集数がさらに増えました。

■千葉県公立高校・募集数削減11校一覧

第１学区…泉
第２学区…津田沼、船橋豊富、
　市川工業（建築）、市川東
第３学区…鎌ヶ谷西
第５学区…旭農業（園芸）
第６学区…松尾、大網
第９学区…君津青葉、京葉

募集定員の削減はどう影響 県立船橋理数科は前期のみ

就学支援金の充実による公私間の学費格差の緩和、都内私立大学の定員厳格化による難化傾向や大学入試制度の変化への対応力についての不安感から公立志向が弱まり、私立志向が強まっているのでしょう。

2021年度入試から実施されることになっていた大学入試制度の変化については、ここにきてトーンダウンしていますが、私立志向は続きそうな状況です。

このような状況への対応としてか、2020年度の定員削減校には2019年度の定員割れ校・低倍率校が多く含まれています。

1学区は厳しい入試か 学校選択難しいのが 削減続く2学区

2019年度に減員校が6校もあった1学区では前期選抜で普通科高校17校のうち、実倍率2倍以上だった高校が8校もありました。

そのうち、**県立千葉**と**千葉東**は3倍を超えています。2020年度は最も倍率の低かった**泉**1校のみが募集数を減らしますが、難関校・人気校が多い学区のため、多くの高校で厳しい入試が続きそうです。

最も減員校の多い2学区では前年も4校が減員校でした。同じ学区内にあって2年で8校も減員することになります。減員校の2019年度の実倍率を見てみますと、**津田沼**が前期2・07倍、後期1・66倍、**市川東**が前期2・43倍、後期1・87倍と高い倍率でした。

人気校での減員は警戒され、応募者を減らしやすいうえ、高倍率校も翌年敬遠されがちです。そのため、両校とも応募者を減らす可能性があります。応募者が減少し倍率が下がっても難度まで下がるとは考えにくいので、注意が必要です。

とはいえ、2学区も**県立船橋**、**市**

今回の入試で「前期・後期制度」は最後に

立船橋が前期選抜で実倍率3倍を超えていたのをはじめ、2倍以上の高校が11校ありました。減員校の増加で、少しでも合格しやすい高校を受けようとする受験生にとっては学校選びが難しい状況です。

県立船橋の理数科が前期選抜のみ実施に

千葉では、2016年度から専門学科の前期選抜定員枠が最大80%から100%まで拡大できるようになりました。理数科や国際教養科など多くの専門学科では40人しか募集していないため、高倍率になってしまうことから多くの専門学科では前期定員枠を拡大してきました。

県立船橋の理数科は2019年度まで普通科と同じ60%のままでしたが、2020年度から100%に拡大します。

そのため後期選抜は取りやめ、前期選抜のみの募集に変更されました。

翌2021年度から、県全体の入試が一本化されるので（後述）、それを1年前倒ししているようにもみえます。

県立船橋の理数科は、2019年度の前期選抜では107人が受検し、24人が合格。4・46倍は県内で最も高い実倍率でした。

後期選抜も42人が受検し16人が合格、実倍率2・63倍は2番目に高い倍率です。

もし、この春の前期選抜で、2019年と同じ107人が受検したなら、実倍率は2・68倍になります。高倍率ではありますが、4・46倍よりは大きく緩和されます。希望する生徒には朗報ですが、応募者が増える可能性も高くなりそうです。

この春も前・後期とも高倍率校は変わらない？

千葉では前・後期に定員枠を分けているため、実倍率が高くなってしまうのは避けられません。

2019年度、前期の平均実倍率は1・73倍から1・71倍へと2年連続0・02ポイントダウンしました。

後期では1・45倍から1・46倍に上がりましたが、応募倍率は1・40倍から1・36倍に下がっています。定員割れが多かった分、合格数が減ったために平均実倍率が維持できたにすぎません。人気校に受検生が集中するので不合格者も多く、バランスが悪い印象です。

このような人気の2極化傾向が続けば、前・後期とも難関校・人気校の高い倍率が大きく緩和することはないでしょう。

2021年度から前・後期制を廃止し一本化へ

千葉では、公立高校入試の改善協議会からの改善試案が、2017年11月に提出されました。

これは

①前・後期の2回に分けて実施される入試選抜の違いがわかりにくい

②入試の長期化で中学・高校とも授業時間数の確保が難しい

③前・後期とも同じ高校を受けるケースがほとんどで、前期での無用な不合格者を出すことを止めるべき

という考えに基づき見直そうとするものでした。

そして、現中2生が受検する2021年度入試からは前・後期2回の入試機会を一本化し、2月下旬に2日間で入試を行うということになりました。

5教科の学力テストと面接や作文、自己表現など各校が決める検査を実施します。調査書の評定はこれまでと同じ9教科3学年の合計を使用しますが、前期で実施されている全県平均値を95とした数値補正は行われない予定です。

2回あった入試機会が一本化されれば、合格数は増えるので実倍率は大きく緩和します。

これで1都3県のうち、入試機会が2回あるのは東京だけになります。「不合格」を味わわねばならない機会は減ることになるので、現中2生は新制度に対して不安感を抱く必要はありません。

ただし、難関校や進学校に人気が集中する状況は続くと思われるので、対策を立ててしっかり準備することが大事です。

埼玉 県立 市立

埼玉では２０１７年度入試で、学校選択問題が導入されるなどの学力検査の一部変更が行われました。それから今回が４度目の公立入試になります。２０２０年度はとくに大きな変化はありません。10月に実施された進路希望調査では公立高校希望者が大きく減少し、近隣他都県と同様、公立志向の減少と私立志向の上昇がみられます。

学力検査の一部が変更されてから4年目へ

埼玉では２０１７年度から数学と英語の学力検査が共通問題と学校選択問題の2種類に変更されました。

２０２０年度に学校選択問題を実施するのは、**県立浦和、浦和第一女子、大宮**などの難関上位校をはじめとした21校で、２０１９年度と同じ顔ぶれです。

記述をはじめ応用問題中心に出題されている学校選択問題ですが、平均点は数学が43・2点→43・7点→53・5点、英語は71・9点→58・9点→64・3点と3年目の２０１９年度はどちらも上昇しました。この年の県による入試直前予想では前年までと同様、数学が60点、英語が65点でしたので、数学は差が縮んだものの予想を下回り、英語は予想通りになりました。

この21校以外で実施された一般的な学力検査の方の平均点も見ておきましょう。

数学が44・4点→44・0点→42・3点、英語は52・0点→55・9点→47・7点とともに下がりました。こちらの県予想ではどちらも48点でしたので、数学は予想より得点できていません。

受検した生徒の学力層の違いがあるとはいえ、数学・英語とも難度の高い学校選択問題の方が一般的な学力検査より平均点で大きく上回っています。学校選択問題で出題されている記述問題の採点基準が高校によって異なっていることも影響している可能性があります。

数学は県の予想を下回っていますが、英語はほぼ同じでしたから、制度変更4年目も出題傾向や難度はほぼ変わらないでしょう。

理科の平均点は48・5点→51・7点→44・5点で、県予想の50点を下回りました。社会は60・6点→55・9点→60・3点で、県予想の55点を上回りました。国語は53・3点→52・8点→58・3点とほぼ同じ平均点で県予想55点に近い結果でした。

次年度も学力検査問題の構成や傾向に大きな変更はなさそうです。

2020年度入試直前展望

学校選択問題の実施校は21校 学力検査の難度は昨年同様か

■埼玉県公立高校・学校選択問題実施21校

県立浦和、浦和第一女子、浦和西、大宮（普通・理数とも）、春日部、春日部女子、川口北、県立川越、川越女子、川越南、熊谷、熊谷女子、熊谷西（普通・理数とも）、越ヶ谷、越谷北（普通・理数とも）、所沢、所沢北（普通・理数とも）、不動岡（普通・外国語とも）、和光国際（普通・外国語とも）、蕨（普通・外国語とも）、市立浦和

中学卒業予定者減少に合わせ募集人数は3年連続で削減

２０２０年度の中学卒業予定者数は前年度から９１７人減り、６万３０９３人になる見込みです。

公立全日制高校の募集数は７６０人減り3万７２８０人になります。前年も人口減少に対応して１０５０人削減されました。

埼玉では3年前に中学卒業予定者が増加後、一転して3年連続で人口が減少していますが、地域によっては人口が増えているところもありま

支援金充実もあり私立高校志向続く埼玉

す。また、千葉のような学区制ではないため、県内のどの高校でも受検は可能ですが、地域ごとの人口変動に合わせて募集数も毎年細かく変更しています。

募集人数減員は20校 増員は大宮光陵の1校のみ

２０２０年度は1校が募集数を増やし、20校で募集数を減らします。

増員するのは**大宮光陵**1校のみのため、それまで毎年のようにみられた難関校での募集増は前年と同様、２０２０年度もありません。

減員校20校の多くは難度がさほど高くなく、学校選択問題実施校はありません。減員させる学校には定員割れ校や低倍率校が少なくなく、近隣他都県と同様、増加傾向にある欠員校を減らそうとしているようにみえます。

■埼玉県公立・募集数を増やす高校（40人増）
大宮光陵

■募集数を減らす高校（すべて40人減）
上尾橘、岩槻北陵、桶川西、北本、栗橋北彩、鴻巣女子、児玉、白岡、杉戸、鶴ヶ島清風、深谷、富士見、ふじみ野、三郷、和光、岩槻商業（商業）、浦和工業（電気）、狭山工業（電気）、誠和福祉（総合）、飯能南（スポーツコース）

各校の募集数公表前に実施された10月の進路希望調査では、高校進学希望者は微減でしたが、前年に続いて公立希望者数は減少、県内外の私立希望者数が増えています。

就学支援金の充実で学費の公私間格差が緩和したうえに、私立大学入試の難化や今後の入試制度変更への不安感が影響しているのでしょう。大学附属校や進学校が人気を集めています。

埼玉では県内在住の世帯に対し、県内の私立高校に進学した場合の就学支援金制度が充実しているため、ここ数年私立志向が強まっていました。県外私立に進学した場合は対象にならないため、とくに県内私立志向が顕著でした。

しかし、２０１９年度からは日本全体で就学支援金制度の充実が図られるようになったことや大学附属校人気の高まりから、県外の私立高校志向も増えています。

進路希望調査で高倍率になった公立高校を見てみましょう。

市立川越3・30倍、**川口市立**2・58倍、**市立浦和**2・56倍、**浦和西**2・41倍、**市立大宮北**（理数）2・38倍など12校で2倍を超えています。2倍以上の高校は3校減り、上位3校の顔ぶれは前年と同じですが倍率は緩和しています。10月時点ではやや分散傾向がみえ、志望校を慎重に考える生徒が多いようです。

■埼玉県公立・倍率が高い高校（10月希望調査）

1位	市立川越	3.30倍
2位	川口市立	2.58倍
3位	市立浦和	2.56倍
4位	浦和西	2.41倍
5位	市立大宮北（理数）	2.38倍
6位	上尾	2.35倍
7位	川越南	2.34倍
8位	大宮光陵（美術）	2.33倍
9位	熊谷工業（建築）	2.13倍
10位	川越工業（デザイン）	2.08倍

前年の10月時点での調査結果による倍率と今年度の実倍率とを比較すると、市立川越4・04倍→1・34倍、川口市立3・34倍→1・51倍、市立浦和3・26倍→1・82倍、浦和西2・55倍→1・61倍でした。平均よりは高倍率にはなるでしょうが、過度に警戒する必要はありません。

一方、1倍未満の高校も少なくありません。２０２０年度は募集数の削減で欠員校や全員合格校は減少しそうですが、応募者数の2極化は続くでしょう。

安田教育研究所
代表・安田理（やすだおさむ）、副代表・平松享（ひらまつすすむ）を中心に、教育に関する調査、分析を行う。講演・執筆・情報発信・セミナーの開催・コンサルティングなど幅広く行っている。

和田式

受験コーチング

WADASHIKI ENTRANCE EXAM COACHING

「入試直前期の勉強方法とコンディションの整え方を伝授」

もう受験本番は目の前。効率的に勉強するテクニックや集中力も身についてきていると思います。追い込みをかける時期ですが、一方で体調にも気をつけなくてはいけません。本番で100%の力を発揮できるように、いまから調子を整えていきましょう。

入試直前期こそパワーアップできる

入試直前期は、焦らず余裕を持って勉強する方が効率がいいと言う人もいます。しかし、この時期は焦りや不安がある一方で、勉強への集中力はピークにあるといえます。

例えば夏休みには1日3〜4時間しか集中できなかった勉強も、この時期には1日8時間以上できるようになっていることも珍しくはありません。

また、学力も上がり、解法テクニックも身についたことで、数学や英語の問題も以前の半分くらいの時間で解くことができるようになったはずです。さらに、志望校の出題傾向に沿って入試に必要な部分に集中し、あまり試験には出ない部分は省くなど、受験勉強のコツも身についてきたことでしょう。つまり、この時期の1日の勉強は量、質ともに夏の1週間分に匹敵する場合もあるといえます。直前期こそ、さらに勉強に集中することで最後のパワーアップにつながります。気を緩めずに頑張りましょう。

睡眠の管理が今後はとくに重要

勉強に励むと同時に、受験本番を想定したコンディション作りも重要です。とくに大切なのは睡眠です。寝不足は体調不良や記憶力の低下につながりますから、睡眠時間は削らず十分にとるようにしましょう。

和田《わだ》 秀樹《ひでき》

HIDEKI WADA

1960年大阪府生まれ。東京大学医学部卒、東京大学医学部附属病院精神神経科助手、アメリカのカールメニンガー精神医学校国際フェローを経て、現在は川崎幸病院精神科顧問、国際医療福祉大学心理学科教授、緑鐵受験指導ゼミナール代表を務める。心理学を児童教育、受験教育に活用し、独自の理論と実践で知られる。著書には『受験に勝つ！　和田式自分のやる気をつくる本』（海竜社）『中学生の正しい勉強法』（瀬谷出版）『自分から勉強する子の育て方　塾まかせが子どもをつぶす』（大和書房）など多数。初監督作品の映画「受験のシンデレラ」がモナコ国際映画祭グランプリ受賞。

また、朝型に切り替えるのもこの時期です。脳は起きてから3時間経たないときちんと働き出さないといわれています。受験生にありがちな、夜遅くまで起きて勉強する夜型スタイルはすぐには治りません。そこから急に朝型に切り替えると時差ボケのような状態になり、脳にはかえって悪影響を与えます。

このように、朝型に切り替えるには、時間をかけて身体を慣らしていく必要があるのです。1日10分ずつ寝る時間と起きる時間を早くして、無理なく朝型へ移行するようにしてください。

食事内容の見直しや運動不足の予防も大事

効率のいい勉強には「早寝・早起き・朝ごはん」が重要だといわれますが、朝ごはんだけでなく食事はきちんと食べましょう。とくに女の子はダイエットのため食事を控える人がいますが、これは受験には大敵。人間の摂取カロリーの2割強は脳で使われるので、受験生は勉強することでカロリーを消費しています。脳を働かせるエネルギー源はブドウ糖ですが、このブドウ糖を作るのが炭水化物なので、炭水化物の摂取を控えるダイエットは脳にとって悪い影響をおよぼします。また肉類の摂取も重要です。肉をとらないとセロトニンという脳内物質が減り、集中力や目覚めも悪くなり、不安感も増えます。このように、睡眠や食事は脳の働きに大きく影響します。

さらに、勉強で室内に閉じこもりがちになるので、運動不足も心配です。若く体力もある年代ですが、まったく動かないのはよくありません。1日15分程度でもいいので、散歩など外で身体を動かしてください。万全なコンディションで入試に臨めるように、生活習慣を整えていきましょう。

受験生の悩みに効く

和田式処方箋

Q 入試のことが心配で夜あまり眠れません

A 自分が眠りやすくなる方法を探してみよう

お風呂に入るとか、部屋を暖めるといった方法で副交感神経（睡眠時やリラックスしているときに優位になる自律神経）の働きを促し、入眠しやすい状態を作る方法もありますが、受験勉強中は脳を酷使しているのでなかなか眠れないかもしれません。

そういうときは、あえて勉強を逆手にとってみるのもいいでしょう。人間は嫌なものを前にすると眠くなるという心理学的な現象があります。ですから苦手科目のテキスト、あるいは難しくて眠気を誘う本を寝る前に読むのも1つの方法です。

逆に、気持ちよくなって眠くなる音楽を聴くなど、自分の好きなものに気持ちを向けてリラックスする方法もあります。

こうした眠たくなる“材料”は人それぞれですから、まずは色々試してみるのがおすすめです。不眠をネガティブにとらえるのではなく、自分が眠りやすくなる方法を探す機会だと考えてください。それがわかれば、その後の人生にも役立つと思います。

受験生のための Q&A

先生の板書を写すばかりでうまくノートをとれません。上手なノートのとり方はありますか？

学校や塾の授業などで、ノートを上手にとると成績が上がると聞きました。でもぼくは、先生の板書を写すことが中心になってしまって、うまいノートのとり方というのがわかりません。どうしたらいいですか。

（東京都文京区・YK）

色を使うことに注力するのは×。「復習に役立つノート」こそベストなノートです

成績上位者のノートを見てみると、確かに工夫された内容になっていることが多くあります。中学生のころに基本的なノートのとり方を身につけた人は、高校生以降の学習でも大きな学習効果をあげることができますから、中学生のうちにある程度上手なノートのとり方を身につけておきたいものです。

ただ、気をつけていただきたいのは、見た目がきれいなノートがベストではないということです。「ノートを上手にとる」＝「多くの色を使用してカラフルなノートをとる」だと考えている人も少なくありません。色を用いること自体は悪いことではないのですが、そればかりに気をとられると、肝心の学習の中身がおろそかになってしまうこともありえます。それでは本末転倒ですから気をつけてください。

さて、ノートをとるのは、先生の板書を書き写すことだけが目的ではありません。授業で学習した内容を自分の頭に定着させ、あとでノートを見直して復習するときに役立つ資料作りをすることが大切なのです。

つまり「工夫されたいいノート」とは、自分で見直すときに、復習に活用できるノートのことをさします。そのためにまずは板書を書き写すことに躍起になるのではなく、ポイントを整理してメモすることを意識してみましょう。その際、なるべくスペースにゆとりをもって書き込むようにしてください。あとで見直したときに、気づいたことを書き加えることができ、まさに復習に活用できるノートになります。

保護者のためのQ&A

部活動に熱中していて、勉強に力が入っていない息子が心配です。

　中２の長男が中学校で運動系の部活動に入部し、それは熱心に取り組んでいます。しかし、肝心の勉強の方はあまり力が入っていない様子で心配です。どうしたら、勉強に意識を向けることができるのでしょうか。

（神奈川県川崎市・KS）

本人が自ら意欲をもって勉強に向かえるよう、様々なサポートをしてあげてください

　部活動に熱中することそのものは、決して悪いことではありません。１つのことに集中できるということは、本格的に勉強に取り組んだとき、必ず活きてくるものです。ただ、まだ受験学年ではないため、「高校受験」が遠い先のようにお子さんは感じているのだと思います。

「勉強に意識を向けたい」という保護者の方の気持ちはよくわかりますが、勉強への意欲というのはお子さん本人の内部からわきあがってこないと長続きしませんし、望ましい結果を出すところまではなかなかいかないものです。

　とはいっても、このままの状態では不安でしょう。１つの方法として、進学塾などの環境に身をおいて、一生懸命勉強している同世代の仲間のそばで勉強することが効果的だと思います。塾には部活動に熱心に取り組みながらも、勉強にも力を入れている生徒がいます。そうした姿を自分の目で確認することで、本来の「やる気」が醸成されるでしょう。

　さらに、受験を具体的に意識するために、学校見学をすることも有効です。実際に学校を訪れて自分が高校生になったときを想像し、「この高校に入りたい」という気持ちが芽生えてくれば、自然に勉強の「やる気」につながっていきます。ときには、現在取り組んでいる部活動と関連して、「あの先輩が進学した学校に自分も行きたい」という気持ちが芽生え、そこから熱心に勉強に励むようになるかもしれません。保護者のみなさんは焦ることなく、お子さんを見守ってあげてください。

国《こう》府《の》台《だい》女《じょ》子《し》学《がく》院《いん》高等部

千葉　女子校

問題

素因数分解について，次のような操作を考える。

例えば$72=2^3\times3^2$において，右辺の指数部分をすべて1に変えると$2^1\times3^1=6$となる。これをr［72］＝6で表す。つまり自然数nを素因数分解したとき，数の指数部分をすべて1に変えた数をr［n］で表す。

このとき，次の問いに答えなさい。

(1) r［100］の値を求めなさい。

(2) r［n］＝3が成り立つような，3桁の最小の自然数nの値を求めなさい。

(3) 2以上の2つの自然数a，b（$a<b$）について，r［a］＝6とr［b］＝15が同時に成り立つ。
aとbの最小公倍数が300となるとき，aとbの値を求めなさい。

解答　(1) 10　(2) 243　(3) $a=12$，$b=75$

●千葉県市川市菅野3-24-1
●京成線「市川真間駅」徒歩5分、JR総武線「市川駅」徒歩12分またはバス
●047-326-8100
●https://www.konodai-gs.ac.jp/

●東京都板橋区東新町2-28-1
●東武東上線「上板橋駅」徒歩10分、地下鉄有楽町線・副都心線「小竹向原駅」徒歩20分
●03-3956-3157
●https://www.johoku.ac.jp/

入試日程

推薦入試　1月22日(水)
一般入試　2月11日(火祝)

城《じょう》北《ほく》高等学校

東京　男子校

問題

各組の文がほぼ同じ内容になるように（　）に適する語を書きなさい。

(1) What is the Japanese name for this flower?
= (　) (　) this flower (　) in Japanese?

(2) Ken came earlier than Mika.
= Mika came (　) (　) Ken.

(3) Bob can speak French. John can speak French,too.
= (　) Bob (　) John can speak French.

(4) Do you know his address?
= Do you know (　) (　) (　) ?

(5) A girl with blue eyes wants to meet you.
= A girl (　) (　) blue eyes wants to meet you.

解答　(1) what is , called　(2) later than　(3) Both , and　(4) where he lives　(5) who has

レッツトライ！ 入試問題

開《かい》智《ち》未《み》来《らい》高等学校

埼玉　共学校

●埼玉県加須市麦倉1238
●東武日光線「柳生駅」徒歩20分、JR宇都宮線・東武日光線「栗橋駅」、JR宇都宮線「古河駅」、東武伊勢崎線「加須駅」「羽生駅」「館林駅」、JR高崎線「鴻巣駅」、東武日光線「板倉東洋大前駅」スクールバス
●0280-61-2021
●https://www.kaichimirai.ed.jp/

問題

点Oを原点とする座標平面上に放物線$y=ax^2$（…①）と，放物線①上の点Aがありそのx座標は−3である。またx軸上には点B（6，0）があり，直線ABと放物線①の交点のうち点Aと異なる点をCとする。

0＜a＜1とするとき，次の各問に答えなさい。

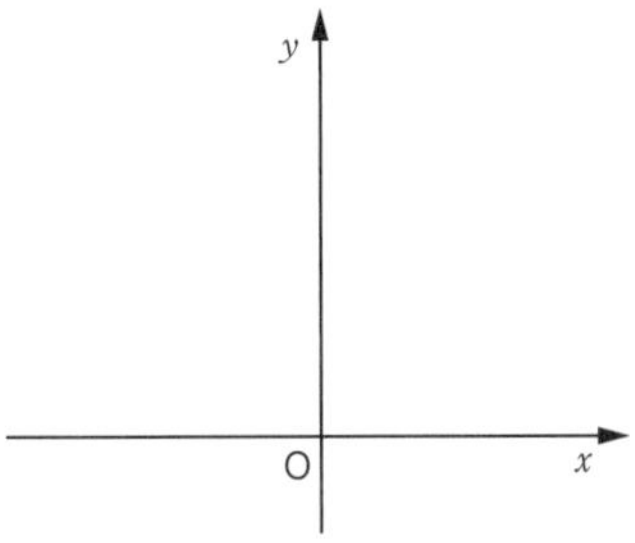

(1) 直線ABの傾きをaを用いて表しなさい。
(2) 直線ABの切片をaを用いて表しなさい。
(3) 点Cのx座標を求めなさい。
さらにy軸上に点D（0，6）があり，三角形ACDの面積が10である。
(4) 図に放物線①と点A，B，C，Dおよび直線ABを書き入れなさい。
(5) aの値を求めなさい。

解答　(1) $-a$　(2) $6a$　(3) 2　(4)

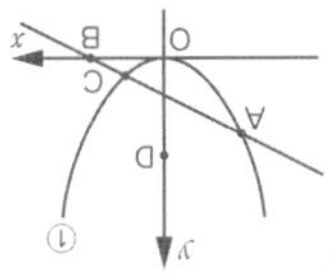

(5) $a=\frac{1}{3}$

錦《きん》城《じょう》高等学校

東京　共学校

●東京都小平市大沼町5-3-7
●西武新宿線・拝島線「小平駅」徒歩15分、JR中央線「武蔵小金井駅」・西武池袋線「東久留米駅」バス
●042-341-0741
●https://www.kinjo-highschool.ed.jp/

問題

右の図のように，座標平面上に4点A（6，0），B（10，0），C（10，3），D（6，3）を頂点とする長方形ABCDがある．また，頂点P，Qがx軸上にあり，PQ＝6，PR＝3，∠RPQ＝90°の直角三角形PQRがある．△PQRは頂点Pが原点Oから点Bまで毎秒1の速さでx軸の正の方向へ移動する．t秒後に△PQRと長方形ABCDの重なる部分の面積をSとする．

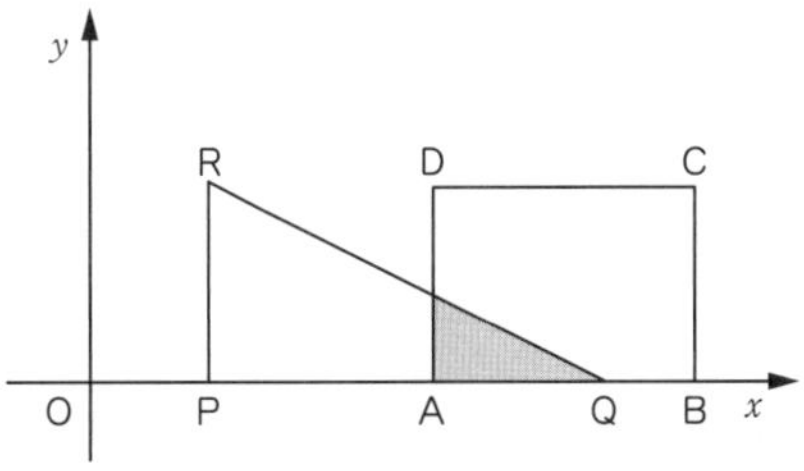

このとき，次の問いに答えなさい．

(1) $0 \leqq t \leqq 4$のとき，Sをtの式で表せ．
(2) $4 < t \leqq 6$のとき，Sをtの式で表せ．
(3) $6 < t \leqq 10$のとき，Sをtの式で表せ．
(4) $0 \leqq t \leqq 10$のとき，S＝5となるtの値をすべて求めよ．

解答　(1) $S=\frac{t^2}{4}$　(2) $S=2t-4$　(3) $S=-\frac{1}{4}t^2+2t+5$　(4) $t=\frac{9}{2}$，8

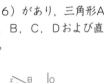

知っておきたい

高校入試用語辞典

高校入試に挑もうとする受験生とその保護者が知っておいてほしい「高校入試用語」をお届けします。
受験生活のなかで「聞いたことはあるけれど、意味がわからない」という言葉に出会ったら、
このページを開きましょう。6月号から始まったこの連載も今回で完結となりました。

【半進学校】

進学校的大学附属校。大学附属校でありながら、系列の大学以外の大学への進学志望者が多く、そのための受験体制も整っている高校のこと。「半附属校」も同じ意。

【評価】

高校入試で扱われる（中学校から提出される）調査書のなかに、「各教科の学習の記録」という欄があり、観点別の学習状況の評価がABCの3段階で記入されている。

例えば国語の観点別は「言語についての知識・理解・技能」「読む能力」「書く能力」「話す・聞く能力」「国語への関心・意欲・態度」の5観点となっている。

東京都立高校の推薦入試では、調査書のうち、右記、観点別学習状況の評価（37観点ABC）、または後述の評定のどちらかを、各校がそれぞれ選んで選抜の資料としている。

【評定】

9教科それぞれの5段階評価。高校出願時に中学校から提出される調査書には、各教科の学習の記録が記載されている。そこに評定欄があり1～5の5段階で各教科の点数が記入される。これを評定点（内申点）と呼び、5点×9教科で45点満点。

【部活動加入率】

在校生のうち、どれくらいの生徒が部活動に加入しているのか、その割合。公立高校の場合、学力や入試難度の高い高校の方が部活動加入率が高い傾向にある。

【文化・スポーツ等特別推薦】

東京都立高校の入学者選抜のうち、推薦入試に際して文化やスポーツなどで優れた能力を持つ生徒対象の特別推薦制度。志願者は特別推薦を実施する学校の種目等から1種目を指定し出願する。各校は自校の教育活動の実績や特色などに基づいて基準を定め、面接、実技検査等で総合的に合否判断する。

【分割募集】

あらかじめ募集人数を前期と後期の2回に分けて選抜を行う制度で、東京都立高校では、分割前期募集は第一次募集と同じ日

程、分割後期募集は第二次募集と同じ日程で行われる。分割後期募集の募集数は全体の2割程度として各校が定める。

【併願】

受験日の異なる2校以上の高校に出願すること。第2志望以降の学校を併願校と呼ぶ。現在、首都圏の高校受験では、1人2～3校の併願が平均的。

【併願優遇制度】

私立高校の一般入試で、おもに公立高校を第1志望とし、公立が不合格だったらその私立高校へ入学するという条件で受験する制度。高校側が提示する条件（内申基準）をクリアしていれば、合格率は高くなる。

【併設型中高一貫校】

中学校と高校を接続して6年間の一貫教育を行う学校。併設型の中学校に通う生徒はその学校の高校には高校入試を経ずに進学できる。また、併設型の高校には外部から入試を経て入学する生徒がいる。

東京都立には併設型が5校あるが、高校入試時の倍率が1倍を切る学校もあるなど、高校からの入学には不人気が続いていた。このため東京都は併設型の高校募集停止を決め、中学校段階の募集を拡大させることとした。

富士高附属、武蔵高附属の2校が2021年度入学生から、両国高附属、大泉高附属は2022年度入学生から、白鷗高附属については未定ながら2021年度以降早期に高校からの募集停止を予定。これにより、都立の中高一貫校はすべて完全一貫型の中等教育学校に移行することになる。

【偏差値】

一定の集団のなかで、自らの学力レベルがどの位置なのかを割り出した数値。絶対的なものではなく、あくまでも目安の1つ。自分は同学年の受験者全体のなかで、どのくらいの学力位置にあるのか、また、その学校へ合格するために必要な学力レベルを知ることができる。普通、25～75の数値で示される。偏差値は模試を受けると知ることができる。

おおよその目安は以下の通り。

75　最上位から1％の位置にいる
70　最上位から2％の位置にいる
65　最上位から7％の位置にいる
60　最上位から16％の位置にいる
55　最上位から31％の位置にいる
50　ちょうど真ん中の位置にいる（＝テスト平均点）
45　最下位から31％の位置にいる
40　最下位から16％の位置にいる
35　最下位から7％の位置にいる
30　最下位から2％の位置にいる

【ボーダーライン】

合格者の最低点が総得点の何％になるかを計算したもの。入試でどのくらいの得点を取れば合格可能なラインに達するのかを知る目安になる。ただし、受験者の学力レベル、入試問題の難易度などにより毎年変化するので、過去問を解く際には、その入試年のボーダーを確認すること。

【補欠合格】

合格者の辞退などで生じた欠員を埋めるための繰り上げ合格。補欠となっても必ず繰り上げ合格になるとは限らない。

【募集定員と合格発表】

国公立高入試では、募集定員を大きく超えて合格者を発表することは少ないが、私立高入試では併願者の入学辞退者分を見込んで、定員より多めに入学許可を与える学校がある。

【募集要項】

各校が発行する「生徒募集に必要な事項」を記載したもの。募集人員、出願期間や試験日、試験科目、受験料、合格発表日、入学手続き、その費用などの情報が記されている。

【マークシート方式】

志願者が多い高校では、採点時間短縮のため入試の答案をコンピューター処理している。解答に際し文章を記述するのではなく、選択肢のなかから正しいものを選び、その番号のマークを塗りつぶす方式。

採点ミスの防止のため、東京都立、神奈川公立高校の学力検査で、島しょを除き採用されている。

【面接】

面接は受験生の日常や性格などのほか、当該校の校風や教育方針を理解しているか、また、入学への意欲などを知るために行われる。学校によっては面接をかなり重視する。面接形態は受験生のみや、保護者のみ、保護者と受験生などのタイプがある。面接の方法も、個人面接、グループ面接などがある。

【模擬試験（模試）】

模擬試験機関が行っている「高校入試」に模した試験。試験を受ける人数が多いほど結果の信頼性が高い。結果は偏差値という数値で示される。

受験生に示された偏差値と、学校に与えられた偏差値を見比べることで、合格可能性を探ることができる。

【求める生徒像】

学校側が入学してほしい生徒の姿を示したもの。ホームページ等で公表している。各学校が打ち出した特色に合う生徒を迎えたい狙いがある。成績だけでなく、部活動などの実績や入学後の考え方などにおいて求められる姿が公表されている。

その名称は「求める生徒像」「志願してほしい生徒像」など各校で異なる。

面接に際して、受験生がこれを一読しておくことは必須といえる。

【リスニングテスト】

おもに英語の入試で実施される。首都圏の国・私立高校でリスニングテストを導入しているおもな高校は、東京学芸大附属・青山学院・慶應女子・日本女子大附属・開成・早稲田実業など。

このほか多くの公立高校でも英語で実施されている。また、千葉公立高校入試では、国語の聞き取り検査が実施されている。

【類題】

出題意図、解法手順などが似ている問題。とくに数学、理科で不得手な問題がある場合、類題で演習することには大きな効果がある。

【連携型中高一貫校】

中等教育学校、併設型、連携型の3タイプの中高一貫校のうち、連携型は既存の中学校と高校が教育課程の編成や教員・生徒間交流等の連携を深めることによって中高一貫教育を実施する学校。施設はその場所を両校で異にする。連携する高校への進学は、中学校からの簡便な推薦による。

中学生の未来のために！
大学入試ここがポイント

高校受験の舞台にあがる前に、その先の「大学のこと」を知っておくのは、
とても重要なことです。大学受験は遠い話ではありません。そのとき迎える大学入試の姿を、
いまのうちから、少しでもいいのでとらえておきましょう。

NEWS

「英語民間試験導入」は延期、「国語・数学の記述式」は白紙

英語民間試験見送り 是非を含め再検討に

ここは、高校進学後のことを先取りして考えるページです。2019年の各号では、2021年1月から導入される大学入学共通テスト（以下、共通テスト）の話題を終始追いかけてきました。

しかし、その間、導入予定だった新機軸の不備が次々と指摘されることとなって、受験生、保護者は心配を募らせてきました。

この11月1日、文部科学省は「英語民間試験の活用」を見送ることを決め、発表しました。

英語では「読む・聞く・話す・書く」の4技能すべてを測ることを目的に、民間の検定試験の成績を、共通テストの成績と合わせて評価するシステムを導入する予定でした。

ここにきて見送りとした理由は「民間試験の受験料が高額（1回5万円という例も）」「試験会場が都市部に偏り、へき地や離島の受験生が不利になる」「検定機関によって難易度や採点基準が異なるため、公平性が担保されるか不安」「機器トラブルや不正への心配」があげられました。

今後「英語民間試験の活用」は、その是非を含め1年後までをめどに再検討し、2024年度からの実施をめざすことになりました。

2021年1月からの共通テスト実施は予定通り行われ、測る英語の技能は従来の「読む・聞く」のみにとどまることになります。

記述式問題も見送りに 期限を区切らず再検討

続いて12月17日、文科省は共通テストで予定されていた国語と数学の記述式問題（各3問ずつ）の導入についても見送ることを表明しました。

その理由は「50万人分以上の採点を約1万人のアルバイトでミスなく、公平に採点できるか」「自己採点との不一致を解消できるか」との心配を払拭できなかったからとしています。

英語民間試験導入の再検討のような期限は設けず、今後、白紙に戻して議論するとのことです。この見送りにより、共通テストは全教科マークシート式での問題のみとなり、現行の大学入試センター試験とほぼ同じ形式になります。

ここにきて、大学入試改革の2本柱が失われることになりましたが、文科省の言う通り「受験生が安心して受験できる体制を整えられない」のならば、見送りは当然のことであったといえます。

東大入試突破への現代文の習慣

東大入試を突破するためには特別な学習が必要？　そんなことはありません。身近な言葉を正しく理解し、その言葉をきっかけに考えを深めていくことが大切です。田中先生が、少しオトナの四字熟語・言い回しをわかりやすく解説します。

早稲田アカデミー教務企画顧問
田中としかね

東京大学文学部卒業
東京大学大学院人文科学研究科修士課程修了
専攻：教育社会学
著書に『中学入試 日本の歴史』『東大脳さんすうドリル』など多数。文京区議会議員として、文教委員長・議会運営委員長・建設委員長を歴任。

田中先生の「今月のひと言」

「どのように勉強するか」よりも「勉強するぞ」という決意が重要

今月のオトナの四字熟語

予防接種

早稲田アカデミーの教務企画顧問という立場にある私です。学校関係者や学習塾をはじめとする民間教育団体の面々との交流はもちろんのことですが、さまざまな活動を通じて異業種の方々との情報交換にも力を注いでいます。例えば、医療関係者や建築関係者などといった、一見子どもたちの教育とは無関係に思える皆さん方とお話する機会も多いのです。会合などで何度かお顔を拝見しているうちに話しこんだりして、それがプライベートな領域に及ぶこともあります。「お子さんはおいくつですか？」といった話題ですね。すると「実は今度うちの子が受験でして……」や「孫が受験生になりまして……」といった打ち明け話（笑）をされることがあります。私が教育業界、とりわけ受験産業に所属していることから、ちょっとしたアドバイスを求められるのです。もちろん「プロフェッショナルに話を伺う」という体《てい》での社交辞令（私をプロだと認めているという）に過ぎませんよ。それでも少しは受験生に役立つ話をしたいと思う私は、こんな風にお伝えしています。「受験のシーズンは寒さも厳しく体調管理が重要になってきます。特に入試本番にインフルエンザにでもかかったとしたら、これまでの努力が水の泡になってしまいますから注意が必要です。予防接種を受けるなどして対策を必ず講じてください」

と。すると皆さん感心してくださいます。「なるほど！　それは最も重要な視点ですね。さっそく孫に伝えます」と、実際にある業界の重鎮といわれる方から、感謝されたこともあります。

さて今回取り上げた四字熟語は、この「予防接種」です。まさに受験シーズンを迎えるタイミングの皆さんへの注意喚起でもあるのですが、それだけではありません。予防接種という言葉の持つ「国語的（物語的）な意味」についで考えてみたいのです。体内に病原体が入り込んだ場合、人間には何とかそれに対抗しようとする仕組みが備わっています。免疫というシステムですね。この免疫の仕組みを利用して、病気に対する抵抗力を高める手法というのが予防接種なのです。具体的には、毒性を弱めた病原体を前もって投与しておくことで免疫システムを発動させておき、いざ本当に病原体が体内に侵入してきた際には速やかに攻撃を始めることで、病気にかからないようにするという方法になります。比ゆ的に考えると「前もって体験したことが生かされる」という点において、精神的な面についても「免疫ができている」というように使うことができます。一度苦しい経験を積んだことにはその耐性がつくので、あらためて影響を受ける心配がないといった意味になるのです。物語的な言い方をすると、あらかじめ「毒」を食らうことで、それに耐えるだけの力を手に入れることができるという話になります。

このことは、文学作品を読むことの意味にもつながります。物語文には魅力的な人物が登場してきます。共感できたり、あるいは逆に全く共感できなかったりするような、さまざまな生き方や考え方をする人物です。それの描写のなかには、人間が見せる卑俗な部分、知りたくないような悪の部分も表現されていることがあります。実際に体験するとなると危険が及ぶような状況についてですね。それを模擬体験できるということが重要なのです。精神的な免疫が働いて、人生で直面する問題についてある程度の耐性があることで、乗り越えられるということにもなるのではないでしょうか。文学作品を読むことの一つの大きなメリットだと考えられます。

今月のオトナの言い回し

終わりよければすべてよし

皆さんも耳にしたことのある表現ではないでしょうか。「ことわざ」のように感じるかもしれませんが出典のある言い回しになります。すなわち「作者」が存在する表現なのです。その作者とはウィリアム・シェイクスピア。「世界文学のスタンダード」ともいわれる数々の名作を生み出したことで知られている劇作家です。その作品の一つが『終わりよければすべてよし』なのです。戯曲（演劇の上演のために執筆された脚本）のタイトルとしては有名なのですが、実際に演じられる劇の方は人気がなかったらしく、シェイクスピアの中でも上演回数が少ない作品の一つとして挙げられています。原題は『All's Well That Ends Well』になります。

「終わりよければすべてよし」と聞くと、なんだか前向きなイメージが浮かんできますよね。でも戯曲の内容は問題をはらんだものです。喜劇風にハッピーエンドの体裁を取っていますが、内実は喜劇でもハッピーエンドでもないという皮肉がこめられているのです。内容通りに日本語のタイトルをつけるとすれば「結果がよければ手段は問わない」といった風になるでしょうか。

シェイクスピアといえば、その全戯曲を翻訳したことで有名な東京大学名誉教授である小田島雄志先生は、私にとって大学時代の英語の先生にあたります。気さくな先生で、下北沢の定食屋なんかでご一緒することもありました。授業で印象に残っているのは『真夏の夜の夢』のお話です。日本では坪内逍遥が最初に訳して以来『真夏の夜の夢』という訳題が用いられてきていて、そのタイトルでヒットした歌謡曲があったりもします。原題は『A Midsummer Night's Dream』小田島先生は「これを『真夏の夜』と訳すのは間違っている！」とおっしゃっていました。「ミッドサマーというのは夏至のことで、日本でいうところの真夏にあたる季節ではない」と。ですから小田島先生訳のタイトルは『夏の夜の夢』になっています。

さて、もう一つの思い出話にお付き合いください。私が中学生だった頃の話です。クラス担任の先生に目を付けられた私は、ことあるごとに呼び出されては注意を受けていました。やれ「勉強に集中できていない」だの、やれ「無駄なことに時間をかけすぎる」だの、なんだかんだと口を挟んでくるのです。さすがに「○○と一緒にいるのはやめるように」と、友人関係にまで文句をつけてきたときには、腹が立つのを通り越して「許せない！」とまで思っていました。それからというもの、「英語に力を入れないでどうする！」と叱られたなら、次の定期テストでは英語には目もくれず、理科と技術のテストで満点を取ったりするという反抗を試みていました。何をやっているのだか……と今から思えばあきれる話ですが、それでも今だから気付くことは「結果的に勉強していた」という点なのです。反抗して勉強しないという方向だってありえたはずなのですが、そうするのが悔しかったというところがポイントなのです。逆説的にではありますが、その先生は私にとって「ありがたい存在」であったわけです。少なくとも「やればできるのに」などといった甘いことを口にするような先生よりはずっと助けになったと、今では思えるからです。

こんな風に考えることができます。大切なのは「机に向かって勉強する」という行為そのものであると。生徒が何はともあれ「やってやるぞ」と決意して机の前にすわって鉛筆を握って問題に取り組む。そういう姿勢そのものが何よりも重要な意味を持つのだと。それに比べれば「どのように勉強すればよいか」というアドバイスなんて、むしろ二次的なものなのかもしれません。論理的に納得して行動を起こそうが、感情に突き動かされて「やってやる！」と決意して始めようが、「終わりよければすべてよし」なのです。

なんだか「結果がよければ手段は問わない」というエピソードの紹介になってしまいましたが、中学生の頃には考えもしなかった内容です。結果的に勉強に向かう姿勢のおかげで、東京大学に合格して小田島先生の授業を受けることができたのですからね。中学の担任の先生にあらためて感謝です。

医学部・歯学部・獣医学部を目指すＭＩコース新設

武蔵野《むさしの》大学《だいがく》附属《ふぞく》千代田《ちよだ》高等学院

2020年4月には全6コースが完全共学化となる武蔵野大学附属千代田高等学院（以下、千代田高等学院）。世界的課題であるSDGs（持続可能な開発目標）に、国連グローバルコンパクトの正会員として全校で取り組んでいます。

School Information（共学校）

所在地：東京都千代田区四番町11　ＴＥＬ：03-3263-6551　ＵＲＬ：https://www.chiyoda.ed.jp
アクセス：JR・地下鉄「市ヶ谷駅」「四ッ谷駅」徒歩7分、地下鉄「半蔵門駅」「麹町駅」徒歩5分

6コース制で多様な学びを実現

千代田高等学院は、政治や文化の中心である千代田区にキャンパスがあります。学校が大切にしているのは「誰一人として取り残さない―No one will be left behind―」。これは浄土真宗の教えや国連が進めるＳＤＧｓに基づく考え方です。

生徒一人ひとりには、それぞれ異なる知性（個性）があります。様々な知性が集い、知性と知性が響き合い、全体として成長していくという多重知性理論を参考に、従来のＩＢ（国際バカロレア）、ＩＱ（文理探究）、ＧＡ（グローバルアスリート）、ＬＡ（リベラルアーツ）、ＭＳ（メディカルサイエンス）に加え、医学部・歯学部・獣医学部への進学を目指すＭＩ（メディカルインテリジェンス）コースを２０２０年４月から開設します。

IBのMathsの授業

プログラミング授業

充実した学校生活

学校の授業がスタートするのは朝7時30分。1コマ45分で1日8時間の授業を行います。放課後の部活動では、卒業生が日本代表となるなど全国大会で活躍するソフトテニス部をはじめ、オリンピックを目指し海外でも活躍するテコンドー部、楽器を新調し著名なコーチによる指導のもと美しいハーモニーを奏でる吹奏楽団など、学業も部活動も「二兎を追う」活動に取り組んでいます。生徒会は、ＳＤＧｓにかかわる活動を他校や学校近隣の地域にも広げ、その活動が日本生徒会大賞で表彰を受けるなど、生徒が自分ごととして学校づくりに取り組んでいます。

多彩な国際交流

国際交流としては、アメリカ・中国・インドのIB World Schoolとの生徒交流、Pacific Buddhist Academy（ハワイ）への留学、「トビタテ！留学ＪＡＰＡＮ」や北京市教育委員会が主催する国際学生サマーキャンプへの参加など、多くの生徒が海外へ飛び立っています。学校独自の給付型留学支援奨学金の支給もあり、留学カウンセラーへ海外留学や進学の相談をすることもできます。

進学先としても、カリフォルニア州立マーセッドカレッジやミラコスタカレッジとの教育交流協定を締結し、これらのカレッジを卒業後に、ＵＣＬＡやＵＣバークレーなど4年制大学への編入あるいは武蔵野大学への編入を目指す「２＋２」制度を導入しています。このシステムにより、4年間でアメリカの準学士と日本あるいはアメリカの学士を取得することができます。

進路の個別最適化を推進し、今後も「頑張る生徒を応援する学校」として生徒の様々な活動を奨励する千代田高等学院です。

早稲アカ大学受験部の人気講師が、ひと足早く教えます！

高校での学習はこう変わる！ ～英語編～

早稲田アカデミー
大学受験部次長
兼 御茶ノ水校校長
加藤 寛士 先生

早稲田アカデミー大学受験部が誇る英語指導のスペシャリスト。未知なることを理解する喜びと英文を読めるようになる楽しさを感じてもらうために心を込めた授業を展開。復習をふんだんに盛り込むことで実戦的な英語力を育む、「わかる授業」に定評がある。

科目数と学習内容の増加

中学と高校の「英語」では、そもそも科目数が異なります。中学では「英語」の1科目だったものが、高校では「英語Ⅰ」「英語表現Ⅰ」「オーラル・コミュニケーション」「ライティング」……など、いくつもの科目に細分化。当然、定期テストもその科目数に応じて増えることになります。

また、学習内容も大幅に増加します。単語数を例に挙げた場合、文部科学省が定めた新学習指導要領によると、中学英語では1,600～1,800語を扱うのに対し、高校英語では1,800～2,500語を学びます。これは大学受験を考えた際の最低ラインで、難関大学へ挑戦する場合には、さらに多くの単語を覚える必要があります。

文章の内容

大学に進学すると、英語で授業を受けたり、論文を読んだり、発表を行ったりする場面が多くなり、学部やコースによってはかなり高いレベルの英語力が求められます。そのため、高校での学習内容は中学までと比べて格段に難しく、先を見据えたものに変わってきているのです。

以下の英文を見てください。これは、ある文章の1番はじめの文です。

Since the late 1970s, the world has increasingly become interdependent in several ways.

文の構造は複雑ではないので、辞書で単語の意味を調べれば「1970年代後半から、世界は次第にいくつかの点で相互依存するようになってきた」と、簡単に日本語訳をつくることができます。注目すべきは、その内容。「1970年代以降の国際関係」というテーマは、多くの中学生の皆さんにとってはなじみのない内容で、とても難しいと感じるのではないでしょうか。

中学では主に「物語文」や「会話文」を扱いますが、高校では圧倒的に「論説文」が多くなります。なかには国際問題や社会問題など、ある程度の前提知識が必要なテーマもあります。例えば、国際問題なら世界大戦、民族紛争、領土問題、貿易摩擦など、より専門的な文章を理解していかなければならないのです。

文章の構成

このように難度の高い文章を読む際に手掛かりとなるのが、文章の構成です。「論説文」は、因果関係がはっきり示されていたり、言い換えや対比の表現が多く使われていたりするため、その構成をしっかりととらえることができれば格段に読みやすくなります。

例えば、先ほど示した英文のあとは、次のように説明が続きます。

First of all, the amount and speed of economic exchange between different nations has increased dramatically. This has created a global economy where trade and finances are ever expending. Secondly, technological advances in communication.

“First of all”は「まずはじめに」ということですから、先ほどの文の“in several ways”「いくつかの点」のうちの1つを具体的に述べているとわかります。また、”Secondly”は「第2に」という意味で、2つ目の説明を続けていることが読み取れます。このように、例示や言い換え、対比表現の目印となる言葉を知っておくと、内容の難しい「論説文」でもスムーズに読解が進みます。

高校の英語では、このような多くの知識を蓄えながら学習を進めていきますから、「受験学年でまとめて勉強する」という方法ではとても大学受験では太刀打ちできません。早いうちからしっかりと学力を高めて大学受験に向けたスタートを切ることが、将来に向けた大きなアドバンテージとなるでしょう。

キャシーのワクワク東大ライフ vol.5

text by キャシー

最終回に伝えたいキャシー流人生幸福論

もうすっかり寒い季節ですね。みなさん体調を崩していないですか?さて、早いものでとうとうこのコラムも、私が担当する最後の回となってしまいました。そこで今回は私からのラストメッセージとして、大学4年間を通して感じた、「人生を楽しくするために大切な3つのこと」をご紹介します。

その1。最初の一歩をどんどん踏み出すこと。自分がしたいことや、興味のあることには、積極的に挑戦してみてください。私は大学生活のなかで体育会の部活動（水泳部）、アメリカ横断旅行、クジラの生態調査、インターンとしてカフェの店長を務めるなど、本当に色々なことをしてきました。

これらの経験は、私に忘れられない出会いと思い出、そして自分自身への理解を深めるきっかけをくれました。でもそれらは、「最初の一歩」を踏み出す勇気がなかったら、生まれなかったものです。例えば、4年前のあの日、水泳部の新入生歓迎会に参加していなかったら、いまの自分はいなかったと思います。みなさんも頭のなかで思っているだけで終

東大生に聞いてみた

東京大学大学院 総合文化研究科
広域科学専攻 生命環境科学系
2年生
Hさん

東大ならではの特殊な学部 教養学部後期課程で学ぶ

東大に入学すると、まずは全員が教養学部に進むことは以前ご説明したかと思います。多くの人は教養学部で2年過ごしたあと、3年生から法学部、文学部、工学部、農学部など、それぞれ希望する学部へと進んでいきます。

しかしなかにはそのまま「教養学部」に進む人もいます。1・2年生で所属する「教養学部」は「教養学部前期課程」といいますが、3年生から進める「教養学部」は「教養学部後期課程」といい、前期課程での学びをさらに深めることができるのです。

今回はそんな教養学部後期課程の統合自然科学科で素粒子物理の研究をしていた、大学院2年生のHさんにインタビューしました。

まず、教養学部後期課程の学科は、文系の教養学科、理系の統合自然科学科、文理融合の学際科学科の3つがあり、それぞれ細かくコースにも分かれています。そのため、多様な分野の勉強をすることができます。

大きな特徴は、自分のコースとはまったく違う分野の勉強をしても、それが単位として認定

わらせず、実現するために行動を起こす姿勢を大切にしてください。

3つのポイントを胸に楽しい毎日を過ごそう

その2。未来を見据えて逆算すること。理想の未来を手に入れるためには、いまなにをすべきなのかをつねに考えることが必要です。例えば、私には「大学4年生の夏にアメリカ横断がしたい」という夢がありました。これを達成するためには、事前に研究課題を進めておくことと、アルバイトでお金を貯めておくことが必要だったので、5カ月ほど前から計画的に動いていました。急にしたい！　と思って達成できる夢は少ないはずです。長期的な目線を持って、自分の時間の使い方をうまくイメージしていくと、未来の自分の満足度もきっと変わってきますよ。

その3。人との出会いを大切にすること。大学生活を通して私は100人を超える人と知り合うことができました。最先端の研究をしている人、とあるビジネスで大成功している人、芸術の世界で活躍している人など、あらゆる分野に長《た》けた人々と出会ったことで、自分とは異なる価値観や考え方に触れ、視野を広めることができたと思っています。人との出会いを大切にしていると、そこからさらに出会いが広がっていきます。人生が豊かになること間違いなしです。

中学生のみなさんも憧れの高校行事を楽しんだり、部活動に励んだりと、かなえたい夢がいっぱいあると思います。その夢を手に入れるための最初の一歩は踏み出せていますか？　未来から逆算して現時点ですべきことを認識できていますか？　周りの人との出会いを大切にしていますか？　これを機に一度振り返ってみてください。この記事がみなさんの未来を明るくする力になれたら嬉しいです。それでは、いままで2年間、ありがとうございました！

されること。私の所属する農学部にもこの制度はありますが、認定される単位数の制限が厳しく、どうしても自分の学科の勉強を優先しなければならないので、他分野の勉強をしにくい環境にあります。反面、教養学部後期課程は知識の幅を広げることを推奨する雰囲気があり、2コースを同時に選択することも可能だそう。好奇心旺盛な人にはぴったりの学部ですね。

さて、学生の特徴を聞いてみると、「人生の選択肢をいっぱい持っている人たち」とHさん。例えば、「勉強しかしない」「バイトしかしない」といった一本集中型の考え方ではなく、「研究もしつつ、就職活動も進めて、サークル活動も楽しむ」といった、視野の広い生き方をしている人が多いそうです。

卒業後は広告業界に進むというHさん、じつはこの教養学部後期課程での経験も、進路選択に影響を与えました。Hさんは大学では素粒子物理の研究をしていましたが、あるとき認知行動科学という、まったく違う分野の講義を受けたところ、その分野に興味を持ち、大学院では認知行動科学に関する研究室へと進んだのです。将来は、人間の心や考え方に対して革命を起こしたいと熱く語ってくれました。

大学院で研究分野をガラリと変えてもそれが受け入れられる教養学部後期課程。多くの魅力と、人生の選択肢に正解はないという寛容さがあるこの学部のことを、みなさんもぜひ覚えておいてくださいね。

キャンパスデイズ 十人十色

青山学院大学

文学部英米文学科　4年生

飛田《とびた》　美咲《みさき》さん

充実のカリキュラムで英語力を鍛え 海外でのボランティアにも参加

Q 青山学院大学の文学部英米文学科について教えてください。

「英語の青山」と呼ばれている大学ですから、英語を実践的に学べる環境が整えられています。なかでも英米文学科には「IEプログラム」という必修のカリキュラムがあり、入学時に受けるテストの結果によって、レベル別少人数のクラスに分かれ、英語を学んでいきます。レベルごとに内容は違いますが、英語の4技能（読む・書く・聞く・話す）をまんべんなく習得していくのが基本方針になっています。1年生では必ずネイティブスピーカーの教員が担当する講義を受けることになっていて、オールイングリッシュでのグループワークや個人発表を経験します。

1・2年生ではこうした講義に加えて、全学部の学生が受ける教養科目の「青山スタンダード」や、文学部全体の共通科目、英米文学科の必修科目や選択科目を組みあわせて、色々な講義をバランスよく受けていきます。

3年生からは、いくつかあるコースのなかから、自分の興味に合わせて1つのコースを登録したうえで、ゼミを選択して専門分野を学んでいきます。ゼミは3年生と4年生で内容を変えることもできますし、コース登録をしてからも、ほかのコースの講義を制限なく受けられます。自分がそのとき勉強したいことに、自由に取り組める環境だと思います。

Q 印象に残っている講義はありますか？

「メディアイングリッシュ」という講義では、様々なテーマについて英語でプレゼンテーションをしている動画を基に、その内容を紹介しつつ、自分の意見を述べるという発表を行いました。

私が選んだのは、難民の過酷な環

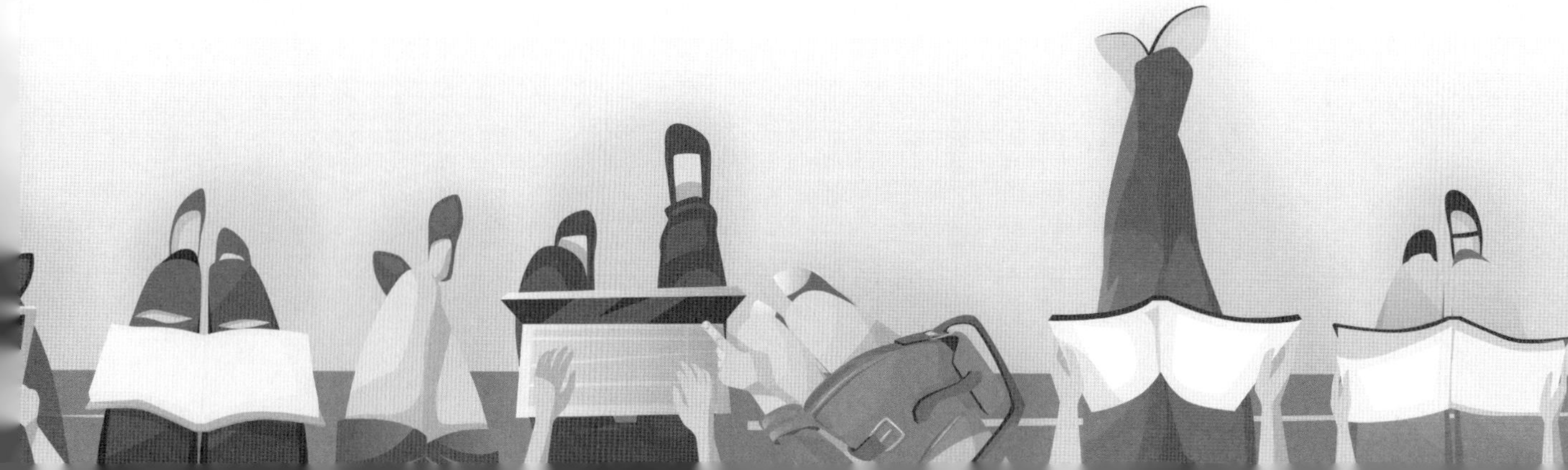

境を社会問題として取り上げているプレゼンです。まずは、ほかの受講者に説明するためにプレゼンの内容を英語で書き起こして、難しい単語をリストアップします。そこに日本語で詳しい説明を加えたうえで、自分の意見をまとめて、発表に臨みます。専門的な内容で、単語も難しかったので、まとめるだけでも大変でしたが、みんなの前で発表をやりきったときは達成感がありました。

将来を決定づけた フィリピンでの活動

Q サークルや部活動には参加していますか？

「SHANTI SHANTI」という国際ボランティアサークルに所属しています。「SHANTI」というのは、サンスクリット語で平和を意味します。海外で、貧困から家を持つことができない人々のために、現地に赴いて家を建てるというのが、おもな活動です。こうした住居貧困を救うボランティアをしているNGO団体の、学生支部として活動しています。

私は1年生のときにフィリピンへ行き、複数の家を同時に建てる「コミュニティ支援」という活動に携わりました。2週間の滞在だったため、家が完成するところまではいきませんでしたが、家の土台を掘ったり、トイレ用排水タンクの穴を掘ったりしました。私たちが土台を築いたあとは、アメリカなどほかの国からボランティアが次々と訪れ、家を完成させます。完成した家の写真を見たときは、「2週間で、人のためにこれほど働けるんだ」と感慨深い気持ちになりました。

Q 将来の目標を教えてください。

卒業後は集合住宅を中心とした不動産管理の仕事に就く予定です。この選択には、フィリピンでのボランティアが大きく影響しています。「コミュニティ支援」として、色々な家族がいるなかで、その輪を大切にしながら家を建てていった経験から、団地や集合住宅など複数の家族が住む家を守りながら、よりよくしていくという仕事に興味がわきました。いずれこうした住居にも海外の方が増えるだろうといわれているので、そこで大学で学んだ英語の力も活かせるといいなと考えています。

Q 読者にメッセージをお願いします。

中学生のうちは、苦手なことがあってもまずは真面目に取り組んでみてください。とくに、5教科をまんべんなく勉強して、基礎知識を身につけることが肝心です。自由な時間が増える高校で得意なことを見つけて、それを大学での学びにつなげられるよう、中学でその土台を作る意識を持ってほしいと思います。

TOPICS

留学での経験が 英語を学ぶモチベーションに

中学生のとき、市のプログラムに応募して、オーストラリアへホームステイをした経験があります。萎縮してうまく話せなかったり、日本語なら言えるのに英語では言葉が出てこないというもどかしさを体感して、「英語をもっとうまく話せるようになりたい」と思うようになりました。この経験が、いまの学科を選ぶきっかけになっています。

その後、高校でもオーストラリアに、大学ではイギリスに留学しました。海外の学生は授業態度も積極的で、勉強以外の面でも学ぶことがたくさんあります。もし留学する機会があるなら、「まだ中学生だから」と遠慮せず、積極的にチャレンジすることをおすすめします。

国内ボランティアにも積極的に取り組んでいます。こちらは岐阜での農業ボランティアの様子

フィリピンでのボランティアでは、家の土台作りに参加。帰国後は活動報告をまとめて発表も行いました

イギリスに留学した際の様子。現地の語学学校に通い、様々な国から来た留学生たちといっしょに英語を学びました

その研究が未来を拓く

研究室にズームイン

力触覚を伝える リアルハプティクスの研究

慶應義塾大学
野崎研究室
野《の》崎《ざき》貴《たか》裕《ひろ》 先生

中学生のみなさんにはあまりなじみがないかもしれませんが、日本には数多くの研究所・研究室があり、そこではみなさんの知的好奇心を刺激するような様々な研究が行われています。このコーナーではそんな研究所・研究室での取り組みや施設の様子を紹介していきます。今回は、力触覚を伝えるリアルハプティクスについて研究する、慶應義塾大学の野崎貴裕先生の研究室をご紹介します。

一部写真提供　野崎研究室

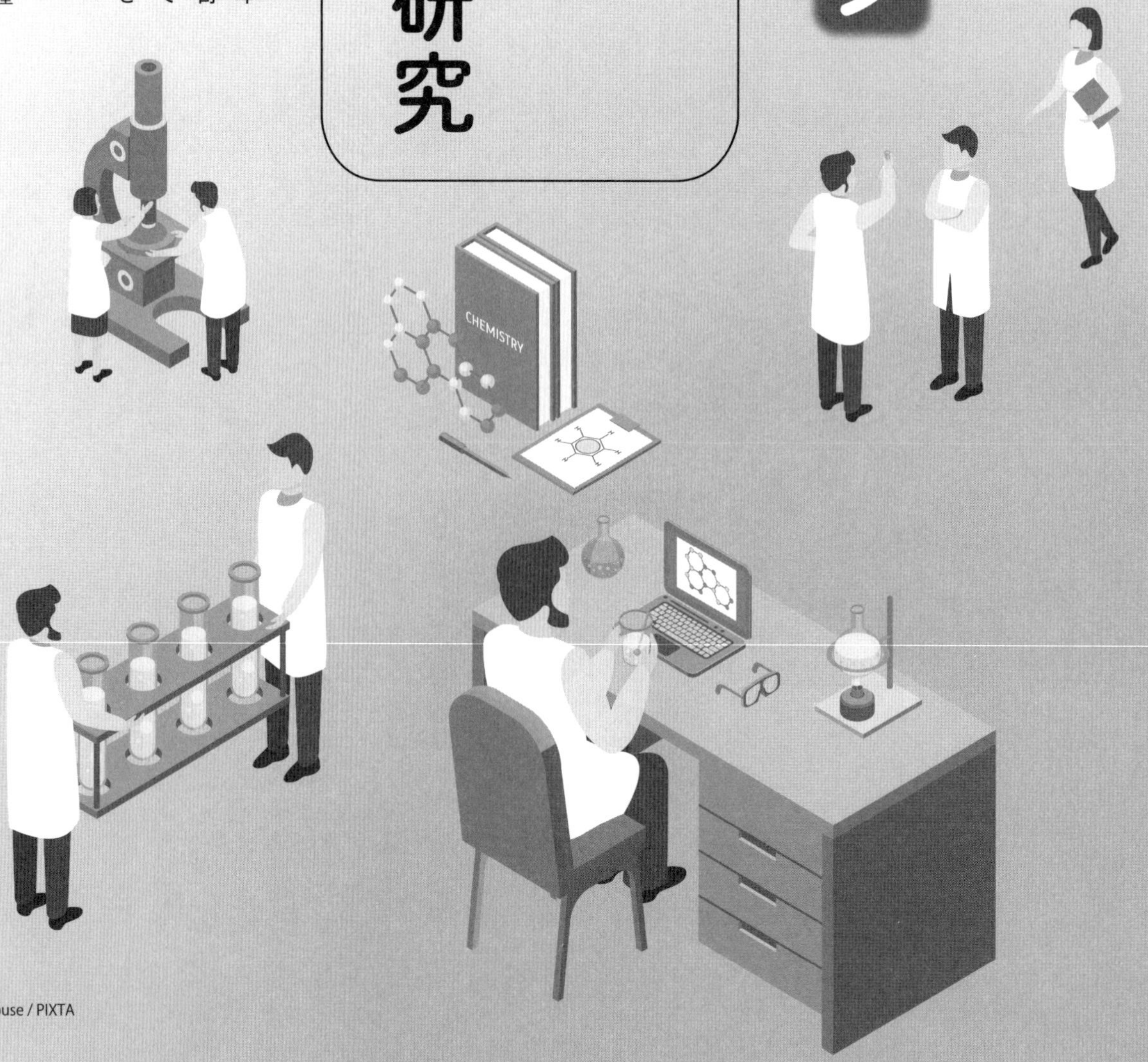

野崎《のざき》 貴裕《たかひろ》

慶應義塾大学理工学部システムデザイン工学科卒業。同大学大学院後期博士課程修了後、横浜国立大学大学院研究教員などを経て、現在、慶應義塾大学専任講師、マサチューセッツ工科大学客員研究員、神奈川県立産業技術総合研究所非常勤研究員。博士（工学）

視覚、聴覚に続き触覚を伝える技術

視覚、聴覚、触覚、嗅覚、味覚という5つの感覚を五感といいます。そのなかの視覚と聴覚にかかわる情報はすでに伝えることが可能になっています。みなさんも電話を使ったりDVDで映画を見たりして、そのことを体感しているのではないでしょうか。

では、視覚、聴覚に続く触覚を伝える技術があるのを知っていますか。それは「リアルハプティクス」と呼ばれるものです。

今号では、そのリアルハプティクスを研究している慶應義塾大学（以下、慶應義塾大）の野崎貴裕先生の研究室をご紹介しましょう。

「視覚や聴覚にかかわる『見る』『聞く』という行為は、一方的に情報を受け取るだけで、目の前の世界を変えることはできません。

例えば、炭酸飲料の入ったコップがあるとしましょう。なかの液体をじっと見つめても、泡がはじける音を聞いても、その状況は変わりませんよね。しかし触ると、その状況を変えることができます。

そんな目の前の世界を変えられる触る感覚を伝えられるのがリアルハプティクスです。モーターと電気を使って、ものに触った際の力（力触覚《りきしょっかく》）を感知、把握し、伝える技術です。

リアルハプティクスは、2002年に誕生したもので、私の恩師である大西公平先生（慶應義塾大名誉教授）が開発しました」（野崎先生）

野崎先生は、高校時代にたまたまリアルハプティクスについて知ったそうです。元々理系に進みたいと考えていたこともあり、大西先生の所属する慶應義塾大理工学部システムデザイン工学科に進むことにしました。

大学入学当初は、大学院に進むつもりはなかったそうですが、研究していくうちに、そのおもしろさに目覚め、大学院でも学び、さらに教員としても研究を続けています。

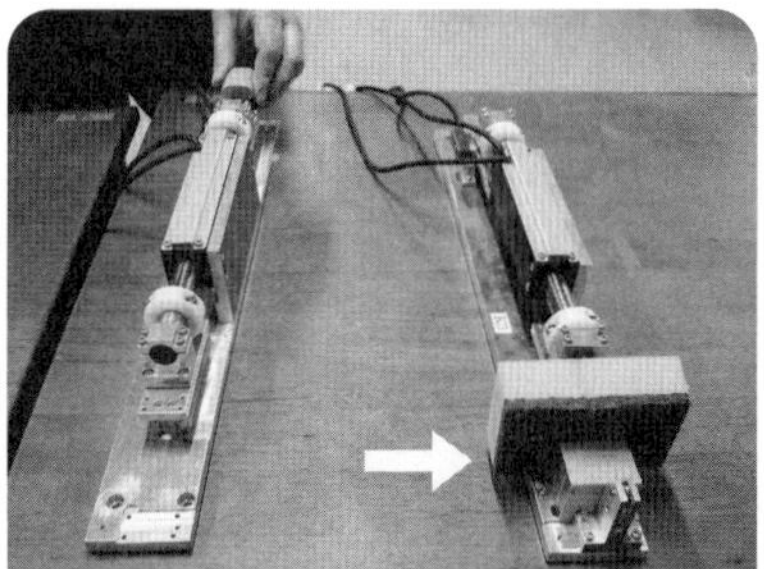

左がマスター、右がスレーブです。矢印の部分にスポンジがあり、その感触がマスターに伝わります

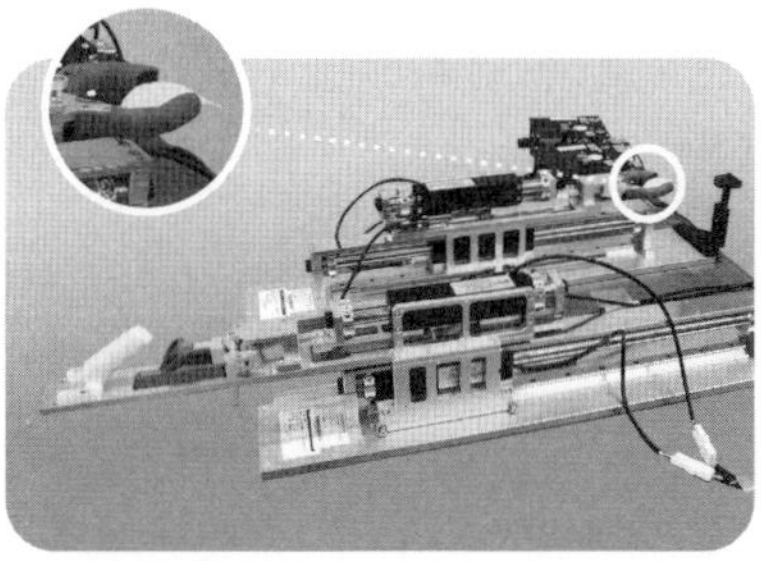

丸で囲んだ部分にポテトチップスがあります。割れやすいものでもつかめるのは、リアルハプティクスが搭載されているからこそです

力触覚の伝送に加え拡大、縮小、保存も可能

リアルハプティクスの原始的な装置を見てみると、同じような形をしたマスターとスレーブ（従属装置）があります。マスターを動かすと、リアルタイムで同じようにスレーブが動き、スレーブの先端にものが触れると、その感触がマスターに伝わり、例えばスポンジであれば、あたかも直接触ったかのように、その柔らかさを感じることができます。

スレーブの先端部分でものをつかめるように改良された装置では、割れやすいポテトチップスをつかむことも可能です。「実際に目で見ながら操作しているんだからつかめて当然でしょ」と思う方もいるかもしれませんが、そうではありません。

実際に力触覚を伝えないように切り替えたうえでつかむと、すぐにポテトチップスは割れてしまいます。どんなに慎重に操作しても、いつ触ったのかわからないため、力の加減ができず、操作が間に合いません。

そして、リアルハプティクスのすごさは、力触覚を伝えるだけでなく、その感覚を拡大、縮小することもで

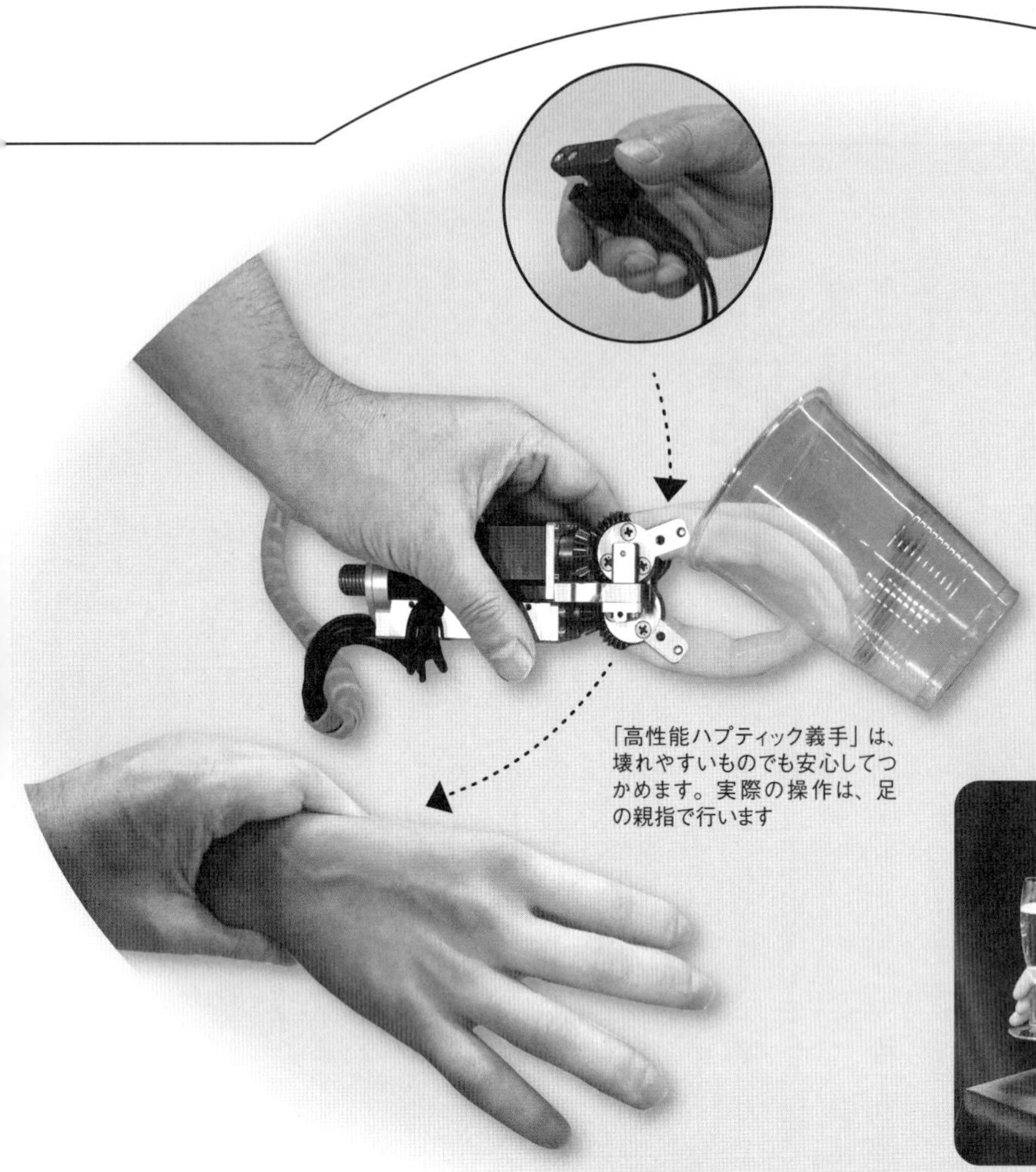

「高性能ハプティック義手」は、壊れやすいものでも安心してつかめます。実際の操作は、足の親指で行います

ものをつかんだり、持ち上げたり、人間の手と同じように作業ができるリアルハプティクスが搭載された装置

きる点です。ポテトチップスから伝わる力触覚を拡大してマスターに伝えるよう設定すると、ポテトチップスが実際よりも硬く感じられ、縮小すると柔らかく感じられます。見た目は同じポテトチップスなのに、その感覚だけが変化するのはとても不思議です。

またマスターの動作情報を保存することも可能で、人が操作をしなくても、保存した動きを再現するよう設定すれば、スレーブは自動で動き続けます。

安全で人目につかない「高性能ハプティック義手」

さてここからはリアルハプティクスを応用した多彩な例をご紹介しましょう。

まずは「高性能ハプティック義手」です。義手とは、病気や事故などで手を切断した方が装着し、自らの手の代わりに使用するものです。

もちろん、これまでも義手は開発されていましたが、力触覚を伝えることはできないものでした。

「力触覚がない義手では、手を開閉してものをつかむことはできても、つかんだものを壊してしまうおそれがあり危険でした。そこでリアルハプティクスを搭載した義手を開発しました。

義手の操作は足の親指につける装置で行います。足の親指は、繊細な感覚がある部位なので、力触覚を感じやすいですし、靴をはいてしまえば周りの人からは見えませんので、人目を気にすることなく使用できます」（野崎先生）

さらに、肘や肩までつけ加え、人間と同じように作業できる装置も開発。シャンパンをつぐことや、トースターから食パンを取ることもできます。

そして、次に研究室で作られたのが「双腕型ロボット“General Purpose Arm”」（国立研究開発法人新エネルギー・産業技術総合開発機構〈NEDO〉との共同開発）です。

その名が示す通り、2本の腕を持つロボットで、頭部にあたる部分にはカメラが搭載されています。さらに、下部には車輪もあります。操作者は、映像を見ながら様々な作業ができ、操作者が足を動かすと、その動きを感知し、ロボットも移動します。

少子高齢社会における労働力の1つとして

人間のような繊細な作業が可能なリアルハプティクスが搭載された装

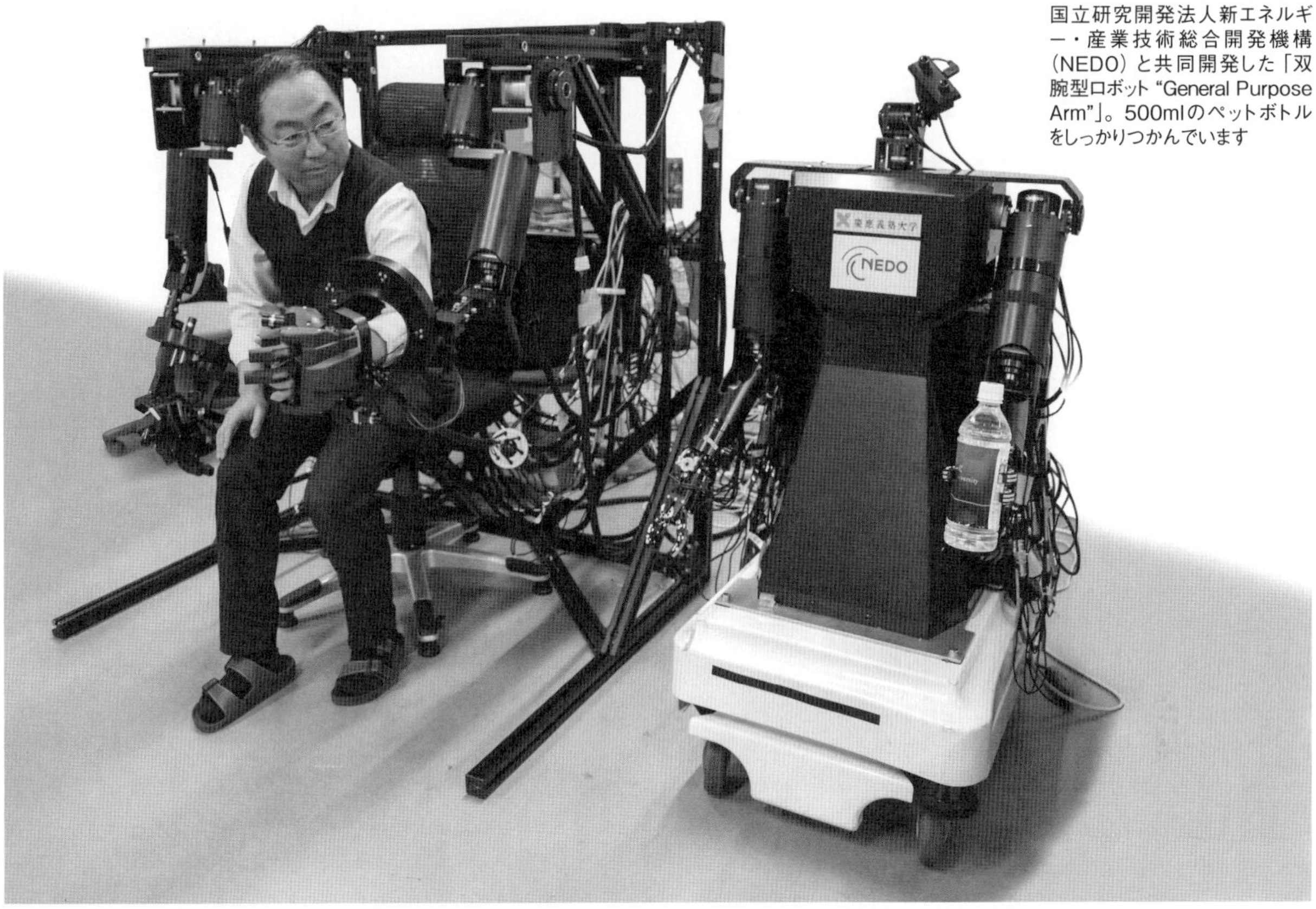

国立研究開発法人新エネルギー・産業技術総合開発機構（NEDO）と共同開発した「双腕型ロボット“General Purpose Arm”」。500mlのペットボトルをしっかりつかんでいます

置やロボット。では、どのような活用が期待されているのでしょう。

「現在、日本は少子高齢化が問題になっています。働く人の数が減り、高い技術を持つベテランが高齢のため引退してしまうので、なにかしらの方法で労働力を作り出すことが必要になります。

その1つの手段としてロボットがあります。しかし、ロボットは元々、ドリルで金属を削る技術から発展したものです。そのため、削った断面ができるだけ真っすぐになるように、どんなものにあたっても、びくともしないよう作られており、危険な一面も持っています。

エスカレーターをイメージしてください。手で止めようとしても、それを感知することなく動き続けて、状況によっては危険ですよね。

しかし、リアルハプティクスを取り入れれば、その危険をなくせます。リアルハプティクスは、人間の動作情報を再現できるだけでなく、ロボット自体が力触覚を感知、把握し、力を調節しながら作業を行うことも可能だからです」と野崎先生。

シブヤ精機と共同開発したミカンの選別をするロボットは、人間のかわりに選別作業を行います。これまで人間が行っていた作業を再現できるだけでなく、ロボット自体が力触覚を感知できるので、それぞれの個体の固さや大きさを把握し、ミカンをつぶすことなく、腐ったものを選別することができます。

そしてほかにも、様々な分野にリアルハプティクスを応用しています。

その1つに、宇宙空間で作業できるロボットの開発があります。それが完成すれば、人間は宇宙船のなかから操作できるので安全です。

リアルハプティクスを搭載したショベルカーは、これまでと同様の作業に加え、対象物の感触を確かめられることで、繊細な作業も可能です（大林組との共同開発）。

エンターテイメント分野への応用も

このように様々な形で実用化がめざされているリアルハプティクス。少子高齢社会で労働力の1つとなることが期待されています。

そして、その一方で、エンターテイメント分野にも活用されています。

釣りロボットは、部屋にいながら、遠く離れた海で釣りを楽しめるものです。スレーブとなる装置が大分の海に、マスターとなる装置は東京に設置されています。映像を見ながら、実際に釣りをしているかのように、

大きさや固さを感知し、ミカンをつぶすことなく、選別作業を行えるロボット（シブヤ精機）

様々な分野での活用

リアルハプティクスは、建設、宇宙など、
あらゆる分野に活用されています。
企業との共同開発も活発に行われています。
※（　）内は共同開発をしている企業名

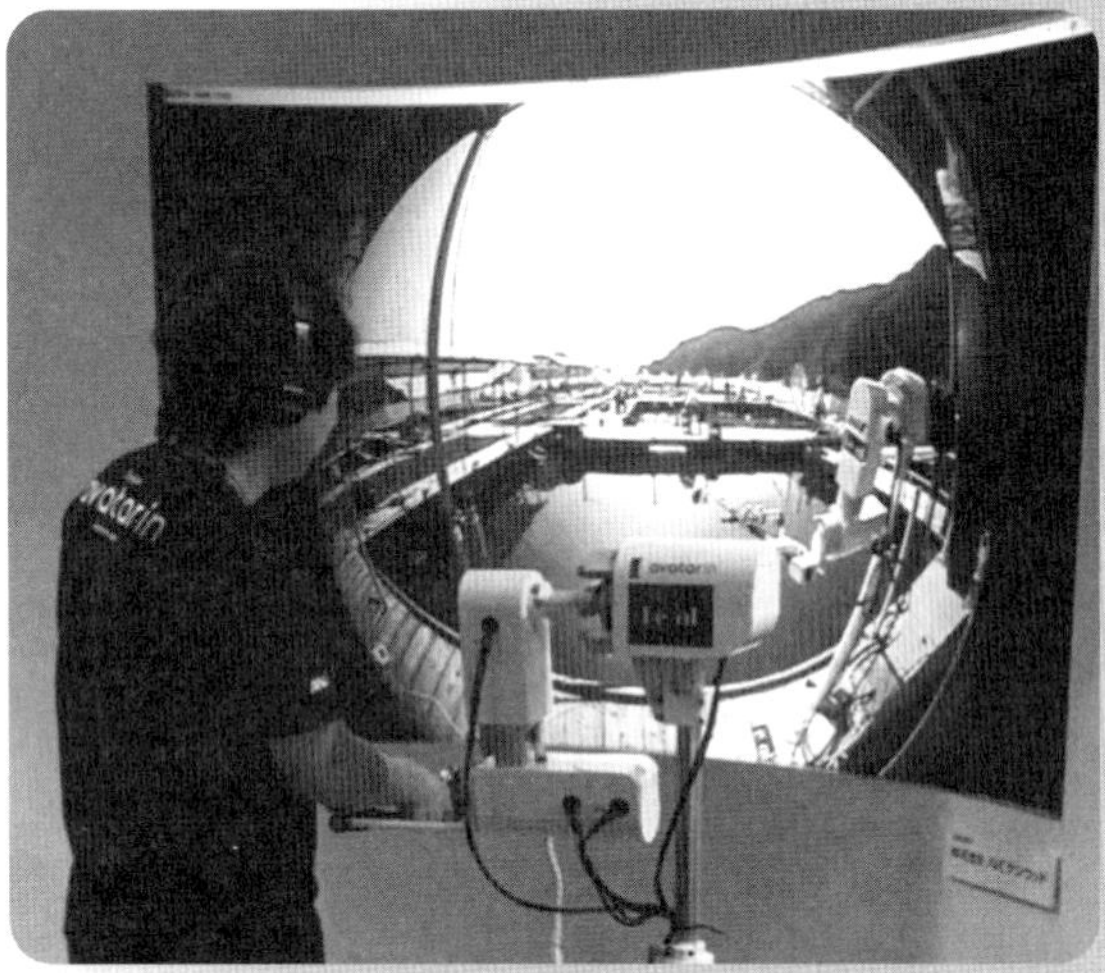

大分と東京という遠く離れた場所をつなぎ、釣りを楽しめるロボット（Re-al）

手にはめたグローブで、ショベルカーを操作できます。伝える力触覚は 2000 倍に拡大、2000 分の 1 に縮小できます（大林組）

道路の状態をありのままに感じながら自動車を遠隔操作できる装置

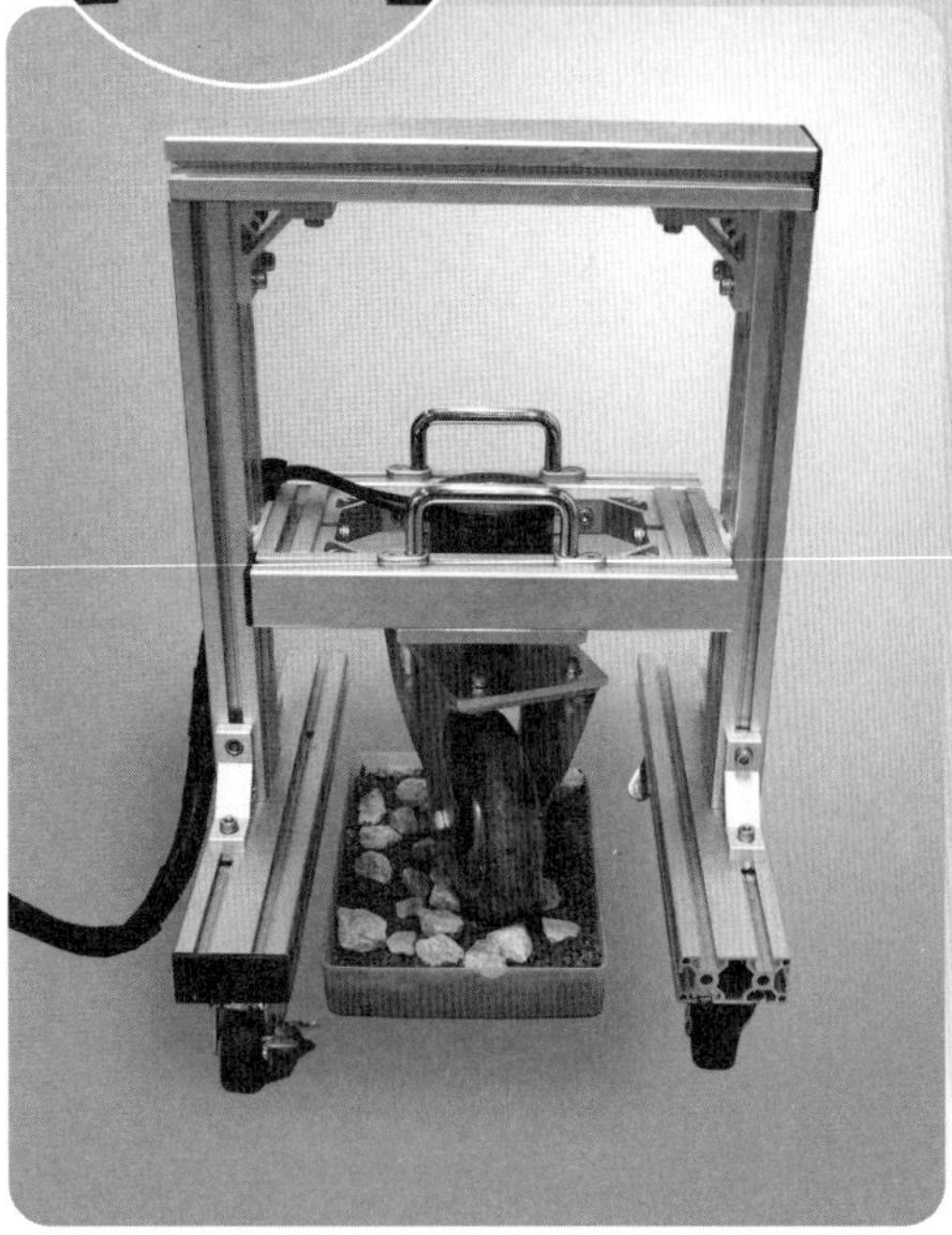

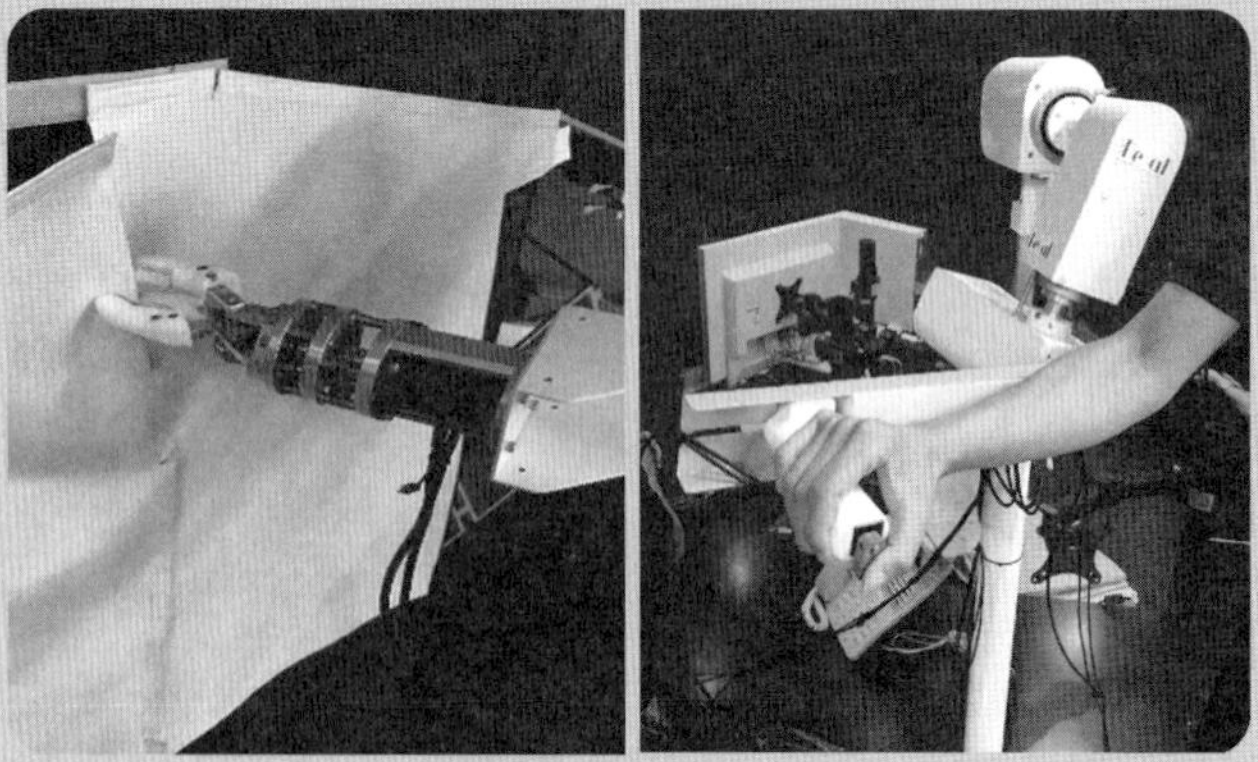

宇宙船の外で人間のかわりに作業できるロボットを開発中です

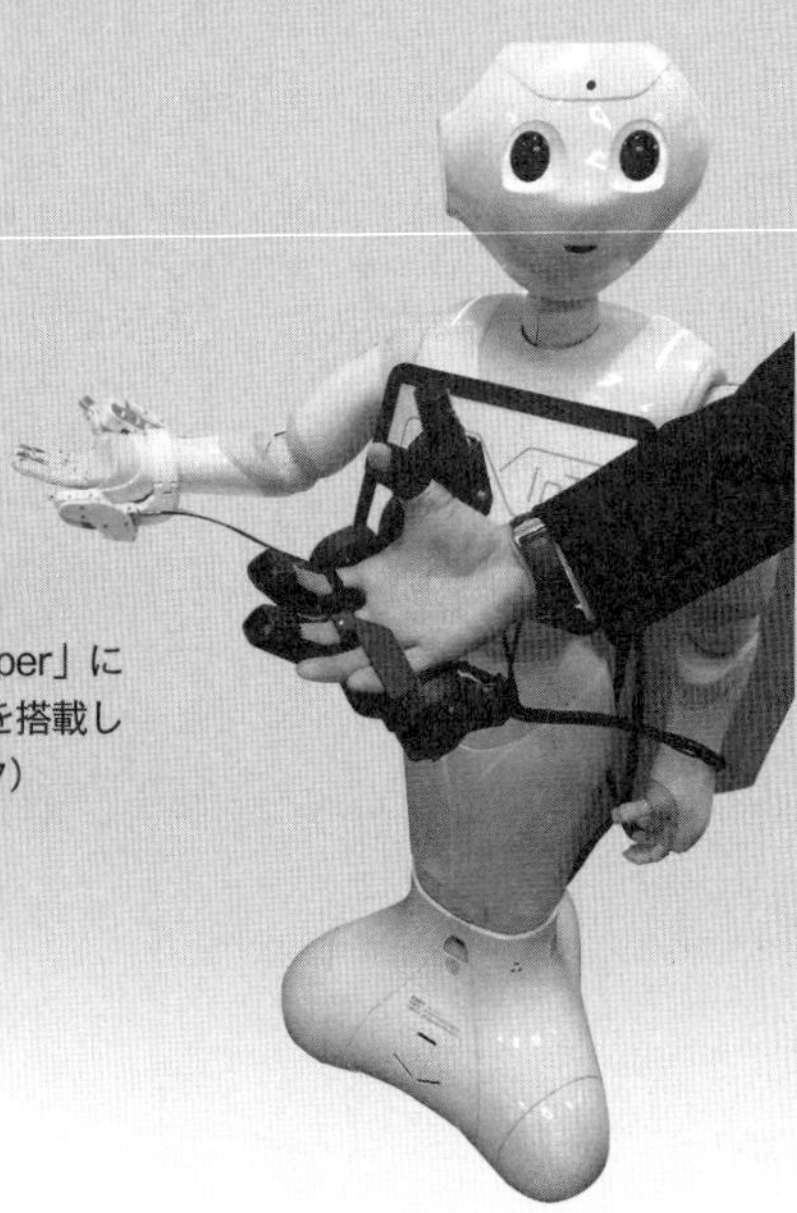

人型ロボット「Pepper」にリアルハプティクスを搭載しました（ソフトバンク）

魚を釣り上げる重さまで感じられます（Re-alとの共同開発）。

娯楽分野での活用が広がれば、高齢や病気で外出が難しい方でも、自宅や病院にいながら、旅行や趣味などが楽しめるので、日々の生活の質の向上にもつながります。

また、そうした方々の移動を補助できるよう、自動車を遠隔操作できる装置も開発しています。ハンドルには、雨でぬれて滑りやすい、砂利道でガタガタしているなど、路面の状態がそのまま伝わってくるので、実際に自動車に同乗せずとも、そうした状況に注意しながら、運転することができます。

「これまでの人間の作業は、目の前のことを、その時点でしか行えませんでした。しかしリアルハプティクスがあれば、場所や時間を越えて作業することができます。

みなさんは、ソフトバンクの人型ロボット『Pepper』を知っていますか。同社と共同開発して、『Pepper』に人間の動作を再現させる装置を作りました。将来、各家庭にロボットがいる時代がきたら、インターネットからある動作情報をダウンロードして、自分のロボットに再現させる、そんなことができるようになると思っています」と野崎先生。

これまでご紹介したように、様々な企業と共同開発を進める野崎先生。そこには難しさもあるといいます。

「大学で開発した技術がすぐに実用化できるわけではありません。大切なのは、実際にその技術を使う方々の声を聞くことです。我々は現場を知りませんから、現場の方々の意見を取り入れながら実験を繰り返し、実用化をめざします。自分の研究にも取り組まなければならないので大変ですが、社会貢献につながっていることを実感できるので充実感があります」（野崎先生）

やりたいことを探し続けてほしい

さて、今回は、リアルハプティクスについて紹介しましたが、野崎先生は、よりよいロボットを作るために、モーターや電気についても研究しています。

そして、現在は日本での研究も進めつつ、「これまでとは異なる場所で、イチから勝負し新たな強みを持ちたい」との考えから、アメリカ・マサチューセッツ工科大学で、病気や事故の後遺症を持つ人のためのリハビリテーションに活用できるロボットを研究しています。

そんな野崎先生から最後にメッセージをいただきました。

「中学生のみなさんには、将来どんな仕事につきたいのか、どんな人生を歩みたいのかを真剣に考えてほしいです。

高校までの勉強は、スポーツに例えれば、筋トレをしているようなものです。まだ、やりたいことが見つかっていないのであれば、どんなスポーツの練習なのか、どんな試合に出られるのかもわからない状態で筋トレをしていることになります。ですから、勉強に打ち込めていない人がいても、それは当然です。

まずは、やりたいことを探しましょう。なかなか見つからないこともあるでしょうし、途中で変わることもあると思います。しかし、探すのをやめてしまったら、見つかる可能性はなくなります。大切なのは探し続けることです。

高校まではすでに答えが用意されている問題に取り組むので、少しつまらないかもしれません。しかし、大学からは答えのない問題に取り組み、みなさん自身が答えを創り出すことになります。大学での勉強は、高校までとは違い、試合に出るように楽しく充実感のあるものですよ。

みなさんには、好奇心を持って、気になったことはとことん突き詰める、周りの価値観に左右されずに、自分の頭で考える人になってほしいです。そして、社会に貢献し世界に足跡を残せる、そんな人生を送りましょう」

現在はアメリカのマサチューセッツ工科大学で研究生活を送る野崎先生

研究室情報

〈メンバー〉
慶應義塾大学 理工学部システムデザイン工学科の大学生、大学院生含め約15名

〈所在地〉
慶應義塾大学 新川崎タウンキャンパス
神奈川県川崎市幸区新川崎7-1

「双腕型ロボット"General Purpose Arm"」が動いている様子は、こちらのQRコードから

いま注目の新しい学びを実践する開智国際大学
急激にレベルアップしている『国際教養学部』を探る

学問の分野を超え、さまざまな授業を通して、グローバル社会に活躍できる人材の育成を目指す開智国際大学の「国際教養学部」。グローバルビジネス科目群、グローバルコミュニケーション科目群、人間心理科目群、比較文化科目群の4つの中から中心となる1つの科目群を選択して専門的に学ぶことも、また複数の科目群の中から将来を見据えて自分に必要な科目を自由に選択することもできる、21世紀型の「国際教養学部」を取材しました。

（取材・SE企画）

常磐線快速電車で東京駅から約30分の柏駅。ここからバスで約10分の「柏学園前」で降りると、緑の森の中に落ち着いた佇まいの開智国際大学のキャンパスが広がっています。出迎えてくれたのは、2019年度から国際教養学部長に就任したビクトル・ゴルシコフ先生。

ビクトル先生は、京都大学で博士号（経済学）を取得し、グローバルビジネス科目群の経済分野の科目を中心に教えています。母語であるロシア語はもちろんのこと、英語やフランス語も堪能で、日本語も日本人と全く変わらないほどの語学力があり、大学の授業は英語でも日本語でも行っているそうです。お話を伺っていると、開智国際大学を日本でトップクラスの大学に成長させたいという強い熱意が伝わってきます。

グローバルな英語を学ぶ

国際教養学部の第一の特徴は、英語をしっかりと学ぶことです。1年次は全員が週4コマ（90分×4）の英語を学びます。クラスは20人前後の習熟度別編成になっているため、自分の進度にあった学習ができ、英語力を伸ばすための最強の環境が整っています。2年次以上も英語の必修・選択科目があり、英語力をもっと伸ばしたい学生は、それぞれの語学力に応じた授業を選択できます。

海外での英語研修も多彩です。カナダ、オーストラリア、フィリピンなどでの英語短期研修をはじめ、ワシントンの国際機関やNGOなどでの3か月間のインターンシップ、インドネシアの大学での英語のみの授業による短期研修、中国の大学での中国語研修など、さまざまな企画が用意されています。

交換留学制度にも力を入れており、中国、ロシア、ハンガリー、インドネシアの大学と協定を締結しています。現在も、アメリカの大学とオーストリアの大学との交換留学制度を視野に入れた提携を模索するなど、さまざまな新しい取り組みを進めています。

また、国際教養学部は、毎年多くの留学生を受け入れており、多様性を重視した教育を展開しています。19カ国からの学生と教職員が集うキャンパスでは、さまざまな言語が飛び交い、さながらグローバルキャンパスです。留学生たちの学部への貢献度がきわめて高く、英語スピーチコンテストやビブリオバトル（書評合戦）などの学内イベントだけでなく、日本人学生と一緒に他大学との共同研究会に参加し発表するなど、活発に活動しています。

英語力だけなく、教養力を育てる科目群

毎年、開智学園の何人もの生徒が海外の高校や大学に留学します。生徒たちは、留学先の学校で大変優秀だと評価されていますが、それは英語ができるということではなく、理数的・社会科学的な教養が高く、しかも真面目に一所懸命に学んでいるからだと言われています。

国際社会で活躍するためには英語力は必須で、バックグラウンドとして、しっかりした教養を身につけていなければ相手にされません。

開智国際大学の「国際教養学部」では、人間性や教養力を高め、未来の仕事に直結するための学びを、４つの科目群制度で行っています。

経済学、経営学、情報など、人と組織、経営について学び、実務能力を修得するグローバルビジネス科目群。社会や企業で通用する実用英語力とコミュニケーション力を培うグローバルコミュニケーション科目群。心理学やその演習・実習を通して、自己理解・他者理解を深める人間心理科目群。日本の文化と歴史、世界の国々の文化や人々について学び〝人間とは〟〝文化とは〟を考える比較文化科目群。これらの科目群を専門的に学び、本物のグローバル人材を育成することを目指しています。

学生主体の授業が盛りだくさん

開智国際大学は、この数年間で大きく変化しています。ビクトル先生は「まず大学での授業を講義形式から教員と学生の双方向型の『主体的、探究的で深い学び』に変えました。授業ではＰＩＬ型授業という講義の中に教員と学生の対話を取り入れ、また学生同士が協働型で「なぜ」を考え、仮説を立て、調査、実験、観察などを通して、論議し、発表する探究型授業を多く行っています。

また、年々優秀な生徒がかなり増えてきている状況ですので、同じ科目の授業を学力別や学習歴別に分けるなどして、それぞれの生徒に合った講座内容で授業を行っています。

さらに留学生のレベルも上がり、欧米からの留学生も少しずつ増えています。そこで同じ内容を、英語で行う授業と、日本語で行う授業を創るなどして、多様化する学生に対応しています」と話してくれました。

開智国際大学　2020年度入試日程

入試形式		期	試験日	出願期間	合格発表
一般入試		Ⅰ	2月 5日(水)	1月 7日(火)～1月27日(月)	2月 7日(金)
		Ⅱ	2月18日(火)	1月 7日(火)～2月10日(月)	2月21日(金)
		Ⅲ	3月 3日(火)	1月 7日(火)～2月25日(火)	3月 6日(金)
		Ⅳ	3月13日(金)	1月 7日(火)～3月 9日(月)	3月14日(土)
特待入試		Ⅰ	12月14日(土)	11月21日(木)～12月 5日(木)	12月19日(木)
		Ⅱa	2月 5日(水)	1月 7日(火)～1月27日(月)	2月 7日(金)
		Ⅱb			
		Ⅲ	3月13日(金)	1月 7日(火)～3月 9日(月)	3月14日(土)
公募推薦入試		Ⅱ	12月14日(土)	11月21日(木)～12月 5日(木)	12月19日(木)
		Ⅲ	3月 3日(火)	1月 7日(火)～2月25日(火)	3月 6日(金)
AO入試	プレゼンテーション型	Ⅲ	12月14日(土)	11月21日(木)～12月 5日(木)	12月19日(木)
	英語外部試験型	Ⅱ	来校しての試験は行いません	11月21日(木)～12月 5日(木)	12月19日(木)
	大学入試センター試験型	—		11月21日(木)～1月17日(金)	2月14日(金)
大学入試センター試験利用入試・特待選考・一般選考		Ⅰa	大学独自の試験は行いません	12月25日(水)～1月17日(金)	2月 7日(金)
		Ⅰb			
		Ⅱ	大学入試センター試験 1月18日(土) 1月19日(日)	1月20日(月)～2月18日(火)	2月25日(火)
		Ⅲ		2月19日(水)～3月13日(金)	随時 最終発表 3月17日(火)

※入試詳細については募集要項を参照してください。

先生方との距離が非常に近い少人数教育

最後に、開智国際大学の特徴を北垣日出子学長に伺いました。

「一番の特徴は少人数教育です。多くの授業が20名程度ですので、先生は学生全員を熟知して授業をしていますから、学生も高い意識を持って集中して勉強しています。次に、教授陣が『未来志向の新しい国際教養学部を創る』ことに燃えていることです。来年度はビクトル先生をはじめとした先生方に加え、海外や日本の有名大学からも先生を招き、さらに日本の若手研究者を採用して、教授陣の強化を図っていきます。

一方、優秀な学生に入学してほしいという思いから、他大学よりはるかに充実した特待制度を備えています。２０１９年度の入学者中で４年間の授業料が国立大学より廉価になる特待生は30パーセントを超えています。２０２０年度入試でも特待生入試や大学入試センター試験利用入試での特待生など、78名定員のうち30名前後の特待生が入学できるように計画しています。しかも、大学入試センター試験利用入試の受験料は１０００円と破格になっています」と熱っぽく学長先生も話してくれました。

優れた教授陣が21世紀型教育を少人数指導する魅力いっぱいの開智国際大学の国際教養学部は、まさにパワーと情熱あふれる学部です。来年の入学希望者はすでに昨年の倍以上という、人気の開智国際大学の今後が楽しみです。

開智国際大学

〒277-0005 千葉県柏市柏1225-6

URL: https://www.kaichi.ac.jp

LINE　大学HP

■最寄り駅

JR常磐線・東武アーバンパークライン「柏」駅

■併設校

開智小学校、開智中学・高等学校、開智高等部

開智未来中学・高等学校、開智日本橋学園中学・高等学校、

開智望小学校

多彩な進路の可能性があなたを待っています

岩倉《いわくら》高等学校 ［共学校］

普通科にL特コースが新しく加わったことで、岩倉生の進路選択の幅はさらに広がりました。

School Information

所在地　東京都台東区上野7-8-8　　TEL　03-3841-3009　　URL　https://www.tky-iwakura-h.ed.jp/

アクセス　JR山手線ほか「上野駅」徒歩すぐ、地下鉄銀座線ほか「上野駅」徒歩3分、京成線「京成上野駅」徒歩6分

L特コース2年目で学校全体が活気づく

普通科に加え、鉄道業務全般について学べる運輸科を持つという他校にはない特色がある岩倉高等学校（以下、岩倉）。

これまで普通科には、国公立や早慶上理、GMARCHなどの難関大学合格を目標とするS特コースと特進コース、一般入試を主体として、AO入試や推薦入試も利用しながらの大学進学をめざす総進コースの3つがありました。

そこに、学業に加えてスポーツや芸術などの分野に力を入れたいという生徒をあと押しするためのコース「L特コース」が新たに設置され、2年目を迎えました。

募集広報部部長の大久保康紀先生は「L特コースに入学してきた彼ら、彼女らの入学によって、実際に活発化した部活動がいくつも出てきています。部活動への加入率もこれまでは80%を超えるか超えないか、というところでしたが、現在は約82%になりました。さらに、『この分野で頑張りたい』という強い意志を持って取り組むL特コース生がいることで、学校全体にいい影響を及ぼしてくれてもいます」と話されます。

彼らが1年後、自分の得意な分野を伸ばしてどのような進路を選択していくのか期待がかかります。

L特コースだけでなく、多彩な進路選択の可能性があるのが岩倉の強みです。前述した普通科のほかに、運輸科は大学進学に対応できるカリキュラムが組まれているのに加え、大卒者でも簡単ではない鉄道関係の会社への就職実績も数多くあります。前向きな選択肢としての就職も含めて、生徒の希望進路実現のために寄り添える進路・進学指導体制を整えています。

最後に、特徴的なカリキュラムについてもご紹介します。

2014年度からスタートした「チャレンジ」は、「10年先をイメージしながら学ぶ」独自のプログラムで、企業と連携したグループワークや、世界で合意した「持続可能な開発目標」（SDGs）にある17の目標を意識した学習プログラムなどが展開されています。

L特コース2年目で学校全体が活気づいている岩倉高等学校は、勉強、部活動、芸術活動など、「打ち込みたいこと」がある人にピッタリな学校です。

(上) 生徒同士が教えあうような形式の授業も増えています
(中) 運輸科と希望する普通科の生徒（例年40名程度）が参加する鉄道実習
(下) 鉄道会社などを中心にしっかりとした企業説明会が行われます

ちょっと得する

読むサプリメント

ここからは、勉強に疲れた脳に、ちょっとひと休みしてもらうサプリメントのページです。
勉強の合間にリラックスして読んでください。
でも、ここからのページの内容が頭の片隅に残っていれば、
もしかすると時事問題や、数学・理科の考え方で、ヒントになるかもしれません。

耳より ツブより 情報とどきたて

クラウドファンディング

「クラウドファンディング」という言葉を、最近よく聞くようになりました。

クラウドファンディング（crowdfunding）とは、群衆（crowd）と資金調達（funding）を組みあわせた造語で、インターネットで、これから実施しようとする活動や夢を発信し、考えに共感してくれる人や、応援したいという人から、それぞれ資金を募って、活動の初期費用を捻出する仕組みのことです。

とくに企業に属さない個人やグループが、なにかプロジェクトを始めようとするとき、最も悩ましいのが資金です。クラウドファンディングは、その問題を解決できる方法として近年注目されています。

インターネットの普及に伴い、2000年代のアメリカでクラウドファンディングを仲介するウェブサイトが続々と開設され市場が拡大してきました。アメリカやイギリスではクラウドファンディングは資金集めの方法として一般的なものになっています。

大震災を機に国内でも認知される

日本では、2011年3月に初めてのクラウドファンディングの仲介サイトがサービスを開始しました。その年には東日本大震災のボランティア活動の資金集めに利用されて広く認知されるようになり、現在までに複数の仲介サイトが開設されています。

新商品の開発、新店舗の開店、本の制作・出版など、クラウドファンディングが応えられる活動や夢は幅が広く、これまでに支援を受けた多くの活動が実現されています。

クラウドファンディングによる復興支援事業の立ち上げを促す復興庁のホームページ

前述の大震災からの復興事業では、内閣に設置された復興庁が、一刻も早い復興のために「復興庁クラウドファンディング支援事業」を開設、復興をサポートする事業の立ち上げへの呼びかけが継続されて成果をあげています。

クラウドファンディングには、購入型（資金を出してくれた支援者にお礼が配られる）、寄付型（支援者は見返りを求めない）、金融型（支援者に利益の一部が配られる）の3種類があります。

また、実施方式には「All or Nothing」（募集期間中に目標金額が集まらなかった場合は、それまで集まった金額は支援者に返金され計画は実行されない）と、「All-In」（目標金額に達しなかった場合でも、支援者から資金を受け取り、計画は実施に移される）の2種類があります。

人々から資金を募りなにかを実現させる手法は、日本では古くから寺院や仏像などを修復するため、庶民から寄付を求める「勧進《かんじん》」などがあって抵抗感は少なく、浸透しやすいものとみられ、今後もクラウドファンディングは幅広く利用されていくだろうと思われます。

The most Advanced Sciences Navigation 005

マナビー先生の最先端科学ナビ

FILE No.005

スマートメーター

各戸の電力使用量を30分ごとに細かく把握

お母さんが「先月はエアコンをいっぱい使ったので電気代がかかったわね」なんて言ってるのを聞いたことはないかな。電気は使った量で支払う金額が決まるんだ。使った電気は電力メーターという装置で使用量を計っている。

じつは、この電力メーターが、いま大きく変わってきている。昔のアナログ式のメーターは、のぞくと円盤のようなものが回転していて、その回転数を示すカウンターを読み取っていた。

電力会社の検針員という人が毎月1度見にきて、先月のメーター数値との差から使用量を計算し請求していたんだ。

これがいま、「スマートメーター」と呼ばれる新しいメーターにどんどん切り変わっている。

スマートメーターでは、電気の使用量をデジタル方式で計測している。その値は30分おきに通信回線を通して電力会社に送られているんだ。まさにリアルタイムといってもいい。

でも、いままでは月に1回の検針で間に合っていたのに、なぜ30分に1回も計測しているんだろう。

じつは、スマートメーターでは、ただ単に使用量を計るだけじゃなく、30分ごとに計測することで、その情報を様々なことに利用しようとしている。

個々の家庭に情報をバックして利用することができれば、まずは節電に役立つ。電気の使用量が目に見えればどうなると思う？ 使用量が多くなると人間は不思議なもので、なんとか抑えようと思うよね。これまでは、各部屋の電灯がつけっぱなしのままでも気にしない人もいたのに、不思議だね。

これを「見える化」というよ。情報を見える化して利用するんだ。各家庭で少しずつ節電をすれば、国内全体としては大きな節電になる。電気の多くは燃料を燃やして作っている。いま世界で温室効果ガスを抑制しようとしているニュースは知っているよね。節電は環境にとっても大切なことなんだよ。

節電だけではない。遠くに住んでいるおじいさんやおばあさんが元気で暮らしているか心配になるときがあるよね。生活にはパターンがあるので、電気の使用量もその生活に応じて変化する。いつもなら夕方に電気を点灯するはずのおじいさんの家の電気がつかないなんてこともわかるから、そんなときは早めに電話で確認するとかね。

２０１９年の秋は台風が多くて、停電で困った人がたくさんいたということもニュースで流れていたね。電気がこないと本当に困る。停電に

マナビー先生

大学を卒業後、海外で研究者として働いていたが、和食が恋しくなり帰国。しかし科学に関する本を読んでいると食事をすることすら忘れてしまうという、自他ともに認める“科学オタク”。

各家庭で使用した電力量をほぼリアルタイムで計測

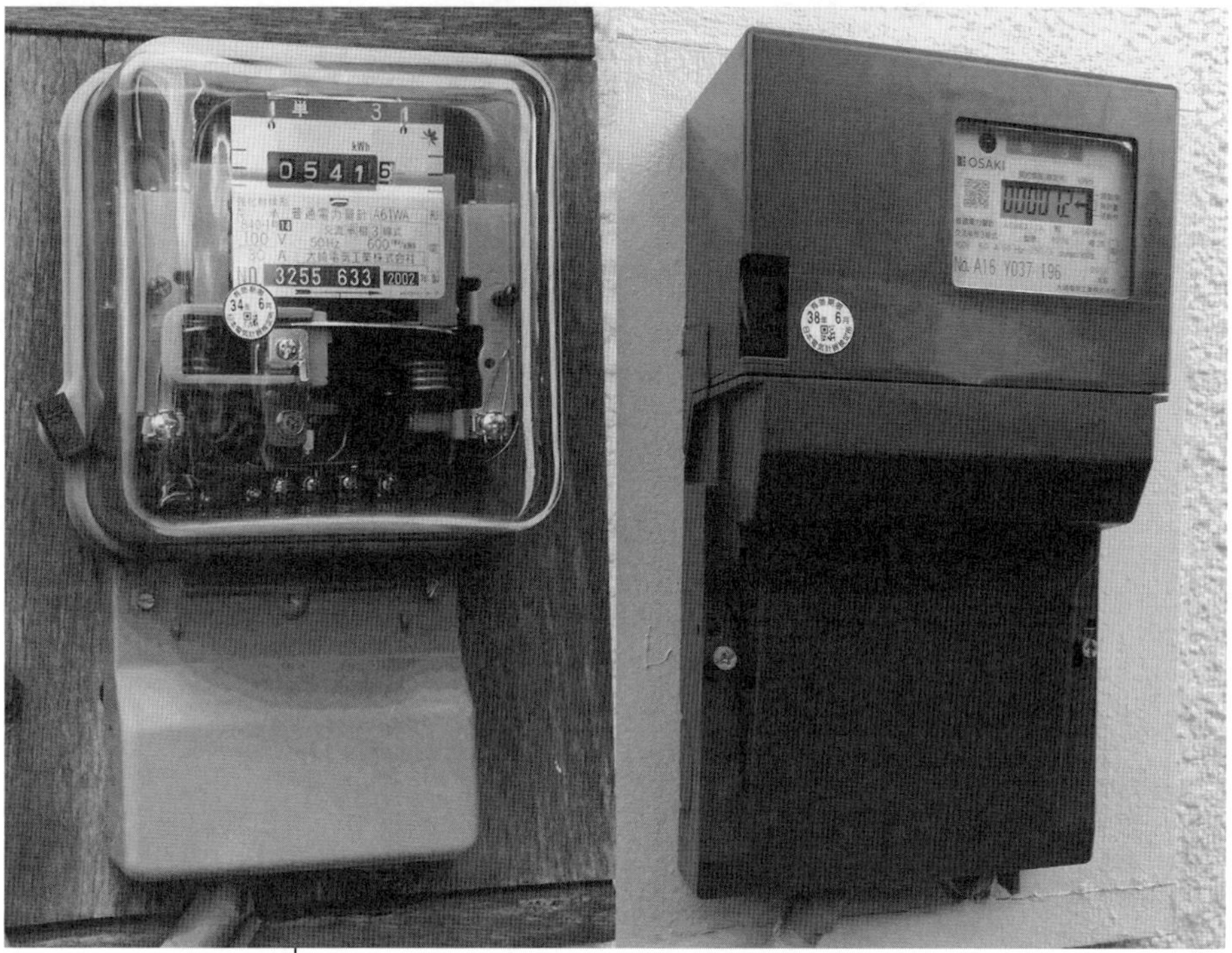

㊧が従来から使われていた電力メーター。㊨が、新しく登場し、いま着々と設置が進められているスマートメーター（写真：本誌）

なったときにはできるだけ早い復旧が望まれるわけだ。

電力会社の人たちも少しでも早く復旧したい。こんなとき、どこで停電が起こっているかを調べることがまずは重要だ。大きなエリアで電気が流れているかどうかは、これまでもすぐにわかっていたけど、個々の家庭までの情報は見ることができなかった。

スマートメーターがすべての家庭に普及したら、それぞれの家に電気が流れているかどうかがわかるから、停電の情報をいち早く知ることができる。そうすれば、すぐに電力復旧作業の一歩を進めることができるんだ。

これまでは各家庭で漏電の危険が起きると、家のなかの電力量を制限するブレーカーという装置が働いて電気が止まった。すると今度は電気を復旧させるのに、このブレーカーのスイッチを手作業で再作動させなければならなかったけれど、スマートメーターはこのコントロールも自らやってくれるようになった。さらに電力会社側の遠隔操作でもコントロールできるようになっているんだ。

得られたデータはこれから様々なことに利用される

また、電力会社としては各家庭から得られたこれらの大量のデータ（ビッグデータ）を処理し、気温や季節などに応じた利用パターンをつかむことで、新たな電力供給プランを考えだそうとしている。発電した電気は基本的に貯めてはおけない。温暖化対策のためにも、電力会社の利益のためにも、電力の利用予測は大変重要な仕事なんだ。

今後は各家庭から得られたデータを解析して気象情報などとリンクさせ、AIなどのツールを使って電力使用予測を行うことで、より精度の高い電力制御が効率よく行えるようになるのではないだろうか。

こんなふうに、色々おもしろい使い道がまだまだ考えられると思う。

でもいいことばかりじゃない。生活パターンが見えるということはその人のプライバシーが見えるということでもある。ハッカーにハッキングされたり、電力会社の内部情報が漏れたりしたら大変だね。

でもまずは、ちょっと家の外に出て、君の家の電力メーターが、スマートメーターに変わっているか、確かめてみよう。

ミステリーハンターQのタイムスリップ歴史塾

禁門の変

今回のテーマは、幕末の京都が火の海となった「禁門の変」。長州藩が勢力挽回を図った事件だ。事件にいたる歴史の流れを見てみよう。

勇　幕末に、京都で幕府と長州藩が武力衝突する事件があったんだね。

MQ　「蛤《はまぐり》御門《ごもん》の変」ともいわれる、1864年の「禁門《きんもん》の変」のことだね。

静　どんな事件だったの？

MQ　前年の1863年、京都御所は幕府、会津藩、薩摩藩、長州藩などによって守られていたんだけど、朝廷と幕府が協力すべきだとする公武合体派の幕府や会津藩、薩摩藩と、あくまでただちに攘夷《じょうい》を実行しようとする長州藩が対立、幕府と会津藩、薩摩藩は長州藩を京都から追放した。

勇　一種のクーデターだね。

MQ　これを「文久《ぶんきゅう》3年8月18日の政変」というよ。

静　追い出された長州藩は怒るわよね。

MQ　このとき、三条《さんじょう》実美《さねとみ》ら攘夷派7人の公家も京都を追われた。これが「七卿の都落ち」だ。さらに幕府は長州藩主親子の謹慎を命じた。

　これに反発した過激派浪士は京都の池田屋で京都焼き討ちの相談をしているところを新選組に襲われてしまう。いわゆる「池田屋事件」だね。

勇　長州藩は追い詰められたんだね。

MQ　京都での勢力挽回のため、翌1864年7月、3人の家老が指揮する長州藩兵と過激派浪士約2000人が3方から京都に侵攻した。そして、京都御所の西にある禁門付近や南の堺町《さかいまち》御門《ごもん》で、幕府軍、薩摩藩、会津藩などと衝突したんだ。

静　結果はどうなったの？

MQ　双方で大砲を撃つなど、激戦になったけど、幕府方が優勢になり、長州勢は散りぢりになって長州に逃げ延びた。このとき、来《き》島《じま》又兵衛《またべえ》、久坂玄瑞《くさかげんずい》ら著名な志士が敗死している。

　長州勢は逃げる際、京都の長州屋敷に火を放ち、幕府方も長州勢が逃げ込んでいるとみられる屋敷に火を放ったため、京都市街地の3分の1が焼ける大火災となってしまった。

勇　ひどい。市民からすると大迷惑だね。

MQ　この結果、長州藩は朝敵とされ、翌8月には第一次長州征伐が行われ、長州藩は降伏する。しかし、2年後の第二次長州征伐では幕府方が大敗を喫してしまう。幕府は求心力を失い、薩長同盟などもあって、急激に倒幕の気運が高まり、明治維新を迎えることになるんだ。

　禁門の変は、明治維新にいたる道の入口にあたる戦いだったという歴史家もいるね。

ミステリーハンターQ（略してMQ）

米テキサス州出身。某有名エジプト学者の弟子。1980年代より気鋭の考古学者として注目されつつあるが本名はだれも知らない。日本の歴史について探る画期的な著書『歴史を掘る』の発刊準備を進めている。

山本 勇

中学3年生。幼稚園のころにテレビの大河ドラマを見て、歴史にはまる。将来は大河ドラマに出たいと思っている。あこがれは織田信長。最近のマイブームは仏像鑑賞。好きな芸能人はみうらじゅん。

春日 静

中学1年生。カバンのなかにはつねに、読みかけの歴史小説が入っている根っからの歴女。あこがれは坂本龍馬。特技は年号の暗記のための語呂合わせを作ること。好きな芸能人は福山雅治。

リチウムイオン電池の模型を手にする、ノーベル化学賞を受賞した吉野彰氏とその妻の久美子さん（2019年10月10日・東京都）写真：AFP＝時事

PICK UP NEWS
ピックアップニュース！

今回のテーマ

吉野彰氏にノーベル賞

スウェーデンの王立科学アカデミーは2019年のノーベル化学賞を、リチウムイオン電池を開発した旭化成名誉フェローの吉野彰氏ら３人に授与すると発表しました。授賞式は12月10日（日本時間11日未明）にスウェーデンの首都ストックホルムで行われ、賞金約9700万円が３人に贈られました。ほか２人はアメリカ・テキサス大学教授のジョン・グッドイナフ氏とアメリカ・ニューヨーク州立大学特別教授のマイケル・スタンリー・ウィッティンガム氏です。

日本出身者のノーベル賞受賞はアメリカ国籍の２氏を含め28人目、化学賞は８人目です。

吉野氏は1948年生まれ。大阪府出身で、京都大学工学部、同大学院を卒業後、旭化成に入社。イオン電池の開発事業に携わり、イオン二次電池事業グループ長、電池材料事業開発室室長などを経て、2003年旭化成グループフェロー、2015年からは同社顧問、2017年に名誉フェローとなりました。また、同年からは名城大学の教授も務めています。

従来のニッケル・カドミウム蓄電池や鉛蓄電池は電解質に水を使っていることから、高電圧、大容量化ができませんでした。

また、使い捨てのリチウム電池は金属リチウムが変形して発火する恐れがありました。

吉野氏は金属リチウムに代わる、安全な材料を探し出し、高性能な電池の開発に結びつけました。吉野氏が注目した材料は、2000年にノーベル化学賞を受賞した白川英樹氏が発見した導電性プラスチックのポリアセチレンでしたが、ポリアセチレンは劣化しやすく、小型化が難しかったことから、吉野氏はポリアセチレンに分子構造が似ている100種類以上の物質を試験、このなかから特殊な炭素繊維に注目し、最終的にはポリアセチレンとコバルト酸リチウムを組み合わせることで、充放電に成功しました。

リチウムイオン電池は小型化が可能で、長寿命、軽量、安全、高性能であることから、電気自動車、パソコン、携帯電話などIT機器に必須なアイテムで、さらに活用の幅が広がっています。この発明は現在のモバイル革命の原動力となったといっても過言ではないでしょう。

ジャーナリスト **大野 敏明**
（元大学講師・元産経新聞編集委員）

思わずだれかに話したくなる

名字の豆知識

第8回

今回は

山本

山本の「山」はどこにある？

「山本」は全国7位 8つの県でトップ

「山本」さんは全国に約106万8200人いると推定される第7位の大姓です。

都道府県別では富山、石川、奈良、和歌山、岡山、広島、山口、高知でトップ、福井、三重、滋賀、京都、大阪、兵庫、鳥取、島根で2位、静岡、愛媛で3位、徳島で4位、愛知、香川、福岡で5位、熊本で6位、長崎で9位です。

逆に200位以下の沖縄以外では、山形128位、福島75位、鹿児島67位、宮城66位と鹿児島を除く西日本に多く分布していることがわかります。ちなみに東京は11位です（新人物往来社『別冊歴史読本日本の苗字ベスト10000』より）。

「山本」のいわれは、「山のふもとに住んでいたから」などと考えられがちですが、では、その山とはどんな山でしょうか。

富士山などの有名な高い山を連想するかもしれませんが、ちょっと違うようです。山をいわゆる山岳として考えるのではなく、「鎮守《ちんじゅ》の森のお山」も山として考えることはできないでしょうか。

かつては、いやいまでも、村落、集落には鎮守さまがあります。鎮守さまは神社で、大抵小高いところにあります。そこは子どもたちのかっこうの遊び場で、夏には豊作を祈って夏祭が行われ、秋には収穫を祝って秋祭が催され、初詣や七五三など、地域の人々の心のよりどころにもなっています。

そうした小高い丘はかつての古墳の跡《あと》であることが多く、古代に古墳をまつって、それがのちに神社となっていったケースも少なくないと思われます。

そうしたお山（丘、岡）のふもとの地名が「山本」となって、そこに住んだ人、あるいはそこを領した人が「山本」と名乗るようになったと考えられます。

別のところでは山下、岡本、大山、中山、小山などという地名がついて、それらを名字にした人もいたはずです。お山は神社ですから、宮本、宮下、森本、森下、神山、古山などといった名字も同じ意味あいでしょう。

全国各地に広がる地名の「山本」

では、地名の山本はどれくらいあるのでしょう。秋田県には山本郡があり、ここには山本町《まち》という自治体があり、また香川県三豊市には山本町《ちょう》という自治体があります。

大字《おおあざ》としての山本町は栃木県宇都宮市、新潟県十日町市、石川県輪島市、三重県鈴鹿市、京都府京都市上京区、京都府京都市中京区、大阪府堺市堺区、大阪府八尾市、奈良県橿原市、広島市安佐南区に存在します。

小字《こあざ》以下も含めると、山本という地名は、北は青森県から南は鹿児島県まで34カ所あります。さらに山本七曲、山本北、山本町南など山本や山本町を冠する大字は22カ所に上ります。

歴史に登場する山本姓を探る

平家物語の巻第八「山門御幸《さんもんごこう》」に「近江源氏山本の冠者《かじゃ》義高」という名が出てきます。冠者というのは成人した無官の武士のことです。この山本義高は清和天皇6代の孫、新羅三郎《しんらさぶろう》義光の長男、佐竹義業の子、遠江守《とおとうみのかみ》山本義定の孫ということになっています。したがって清和天皇の10代の子孫ということになります。「山本の冠者義高」とはなっていますが、のちに名字を「錦織」（にしごり、にしきおり）に変えています。

この「山本」は近江国浅井郡山本に住んだことによります。いまの滋賀県長浜市湖北町山本にあたります。源平合戦で山本義高は縦横に活躍、子孫は近江源氏山本流として繁栄します。

公家では藤原北家の三条家の分家に山本氏があります。この山本氏は先ほどあげた京都市上京区山本町に住居があったために「山本」を名乗ったと思われます。

これ以外に奈良県の春日大社系、和歌山県の熊野系、京都の賀茂にも山本氏がいるとされています。こうしてみると、西日本に多いというのがなんとなく納得できますね。

歴代首相では、山本権兵衛がいます。彼は1852年生まれの薩摩藩士で、明治になって海軍軍人となり、日露戦争のときは海軍大臣を務め、大正時代に2回にわたって組閣しました。

鹿児島県には「山元」と書く名字があります。同県は二字名字の下の「もと」に「元」の字を使う名字が多く、松元、坂元、福元、岩元、山元が鹿児島県のベスト33以内に入っています。

これには、元から鹿児島県（薩摩）に居住していた隼人《はやと》族が「元」をつけ、平安時代以降、薩摩に移って来た人々が「本」をつけたという説もあります。

鎮守の森のお山

サクセス映画館

「ねずみ」年にちなむ映画

スチュアート・リトル
小さなねずみが家族の一員に!?

1999年／アメリカ
監督：ロブ・ミンコフ

『スチュアート・リトル』
DVD発売中
価格：1,400円＋税
発売・販売元：株式会社ハピネット

いっしょに遊べる弟をほしがる一人息子ジョージのために、児童養護施設を訪れたリトル夫妻。なんと彼らが〝運命〟と感じて家族の一員に迎えたのは、小さなねずみのスチュアートでした。ただ、肝心のジョージはスチュアートを受け入れることに否定的、しかも一家にはねずみを天敵扱いするネコのスノーベルも住んでいたからさあ大変。

　そんな一家とスチュアートが心を通わせていく様子が笑いを交えながら描かれています。身体は小さいながらも、一家に対して大きな愛を持って接するスチュアートがかわいらしく、家族団らんに幸せを見出していく彼の姿を見ていると、こちらまで心が温かくなってきます。

くるみ割り人形と秘密の王国
ねずみに取られたカギを探しに冒険の旅へ

2018年／アメリカ
監督：ラッセ・ハルストレム、ジョー・ジョンストン

『くるみ割り人形と秘密の王国』
ディズニーデラックスで配信中

童話やバレエ作品として有名な『くるみ割り人形』の物語を、色鮮やかな映像で実写化した映画。

　亡き母から預かった大切な入れものを開けるカギを探すうちに、不思議な世界・秘密の王国に迷い込んでしまった少女クララ。肝心のカギはねずみに取られてしまいますが、王国の住人たちに歓迎され、楽しいときを過ごします。しかし、いつしか王国をめぐる戦いに巻き込まれ…。

　美しい王国、きらびやかな衣装、劇中に登場するトップダンサーによるバレエシーンなど、思わず引き込まれる要素がたくさんつまったこの映画は、ファンタジーの世界が好きな人にとくにおすすめです。名演が光るねずみにも注目してください。

GAMBA ガンバと仲間たち
勇気ときずなで強大な敵に挑むねずみたち

2015年／日本
総監督：小川洋一
監督：河村友宏・小森啓裕

『GAMBA ガンバと仲間たち』
Blu-rayスタンダード・エディション発売中
価格：3,800円＋税
発売・販売元：ポニーキャニオン

好奇心旺盛な都会育ちのねずみ・ガンバは、海をひと目見ようと訪れた港で、船乗りねずみたちの宴に参加します。そこへ現れた1匹のねずみ・忠太が、自分の生まれ育った島が恐ろしいイタチに襲われ、島のねずみたちが危険にさらされているため、助けに来てほしいというではありませんか。それを聞いた周りの船乗りねずみは尻込みするなか、ガンバは忠太や島のねずみを助けるために、冒険の旅へ出発します。

　強大な敵・イタチとの壮絶なバトルシーンは見ごたえたっぷり。小さなねずみたちが一致団結し、勇気と知恵を振り絞ってイタチに戦いを挑んでいく姿から、パワーをもらえる作品です。

※本作には一部津波を連想させるシーンがありますのでご注意ください

生徒 先生

サクセス印のなるほどコラム

身の回りにある、知っていると役に立つかもしれない知識をお届け!!

山手線は、なぜ緑色？

先生！　なんで山手線って緑なの？

唐突だなあ…。JRの山手線の車両カラーのことだね。

なんでその色になったのかなと思って。例えば、中央線はオレンジ色だし…。

そういえば、先生が生まれたころから中央線はオレンジ色というか、朱色みたいな色だったよ。

朱色？

山手線も中央線もいまのようにアルミ車体というキラキラした車両じゃなかったんだ。それこそ南武線は、いまは黄色・オレンジ色・茶色のラインが車体に入っているけど、確か昔はチョコレート色１色だった気がするなあ。

なんか、おいしそうな色だね。

う〜ん。当時は子どもながらにそれは思わなかった（笑）。

それはそうと、山手線はなんで緑なの？

おそらくだけど1950年代後半に新性能の車両ができたということで、当時の国鉄がその電車をめだたせようと最初に中央線をオレンジ色というか朱色で走らせたのが始まりだと思うんだ。

国鉄って？　聞いたことはあるけど…。

キミが生まれる前のことだから知らなかったかな。いまのJRは、昔は国鉄、つまり日本国有鉄道という国の鉄道だったんだよ。

えっ？　国が鉄道会社を持っていたわけ？

そうなんだ。その後民営化されて、JRになったわけ。

国鉄が最初に車両に色をつけた経緯はわかったけど、じゃあなんで山手線は緑なの？

あっ、ごめん。ところで「ヤマノテセン」って言うけど、一時期「ヤマテセン」と言っていた時代もあったんだよ。

本当？　漢字だと「山手線」だから昔から「ヤマノテセン」て言うのは違和感あったけど…。

これには深いわけがあるんだ。戦後GHQの指導で路線名をローマ字化した際に「YAMATE」としちゃったんだよ。

ということは本来は「ヤマノテセン」？

そうなんだ。1971年に「ヤマノテ」に戻してる。

で、そろそろ…。

あっ、ついつい話が脱線してごめん。山手線が緑である理由だったね。正直に言うと、わからないんだ（笑）。

えっ???

いや、緑色になった経緯はわかるんだけど…。結論から言うと、山手線は初めは黄色だったんだ。

えっ???　またウンチク???

いや、ここではもう結論。黄色の車両の次に、さらに新性能の車両が導入される際、そのことを強調しようと今度はウグイス色に塗ったんだ。その後、このウグイス色が黄緑色になって、現在のアルミ車体に緑の帯が入ることになったんだよ。電車というのは、新車両つまり新性能になるたびにちょっとずつ色を変えてきているんだよ。

進化するたびに似てるけどほかの色に変わっていったってことね。

そう！　今日のキミは理解が早いね？　進化だね。

新性能にはなってないよ。

そりゃそうさ、キミは電車じゃないし、人間はそんな簡単に変わらないから（笑）。

なんか今日は言われっぱなしでいつもと逆な気がする。

そうさ！　今日の私は新性能！

こりゃダメだ…（苦笑）。

数学ランドへようこそ

ここ、数学ランドでは、毎月上級、中級、初級と3つのレベルの問題を出題しています。各問題に生徒たちが答えていますので、どれが正解か考えてみてくださいね。

TEXT BY 湯浅 弘一

ゆあさ・ひろかず／湘南工科大学特任教授、NHK教育テレビ(Eテレ)高校講座に監修講師として出演中。

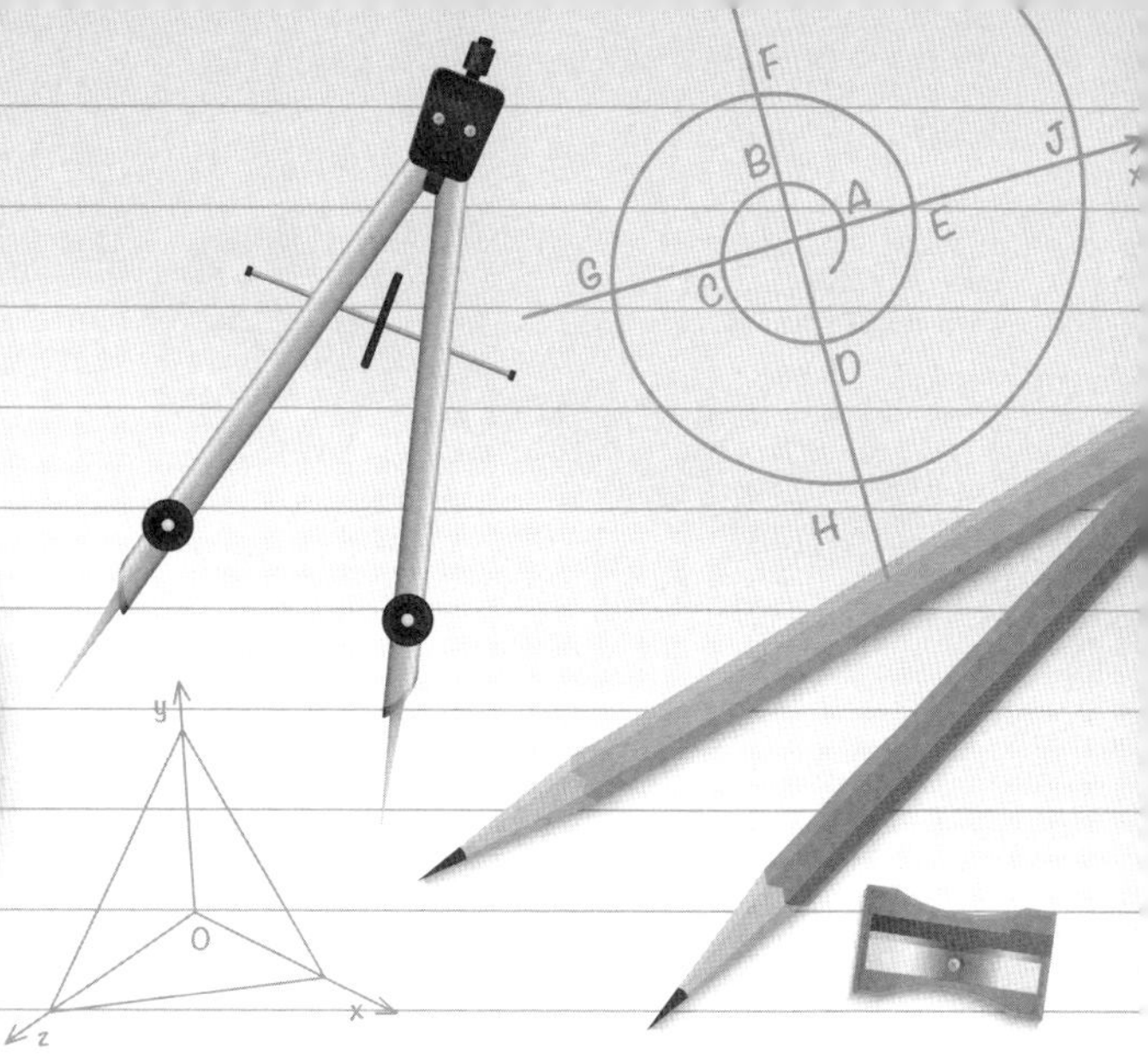

問題編

答えは96ページ

上級

新しい家具を購入します。

頭金に購入金額の20％を支払い、残額は８回に均等に分割して支払うことにしました。

すると店員さんから、「分割払いの際は分割手数料として残額の20％を加えた額を８等分してお支払いいただくことになりますがよろしいでしょうか？」と言われたのですが、どうしてもその家具がほしいので了承しました。

このとき、分割払い１回あたりの支払い金額は、購入額のどれだけにあたりますか？

A

答えは…
$\frac{3}{25}$
計算したらこうなるよ。

B

答えは…
$\frac{2}{25}$
いやいや、この答えでしょう。

C

答えは…
$\frac{1}{10}$
え？　これが正解じゃない？

中級

12月号に掲載した問題の類題です。子どもの性別を逆にしたパターンの問題を考えてみましょう。

お父さんの友人Qさんには子どもが２人いて、１人は男の子だとわかっています。では、もう１人の子どもが女の子である確率は？

A
答えは…
$\frac{1}{2}$
男か女の$\frac{1}{2}$に
決まってるじゃん。
B
答えは…
$\frac{1}{4}$
１人が男だから
$\frac{1}{2}\times\frac{1}{2}=\frac{1}{4}$だね。
C
答えは…
$\frac{2}{3}$
適当なところで
$\frac{2}{3}$でしょ。

初級

高校数学にガウス記号というのが出てきます。

記号は［x］と表し、簡単にいうと、xの小数点以下を切り捨てた整数を表します。例えば、[5.6]＝5、[7.3]＝7などです。

それでは、[$-\pi$]＋[π] の値はなんでしょうか？

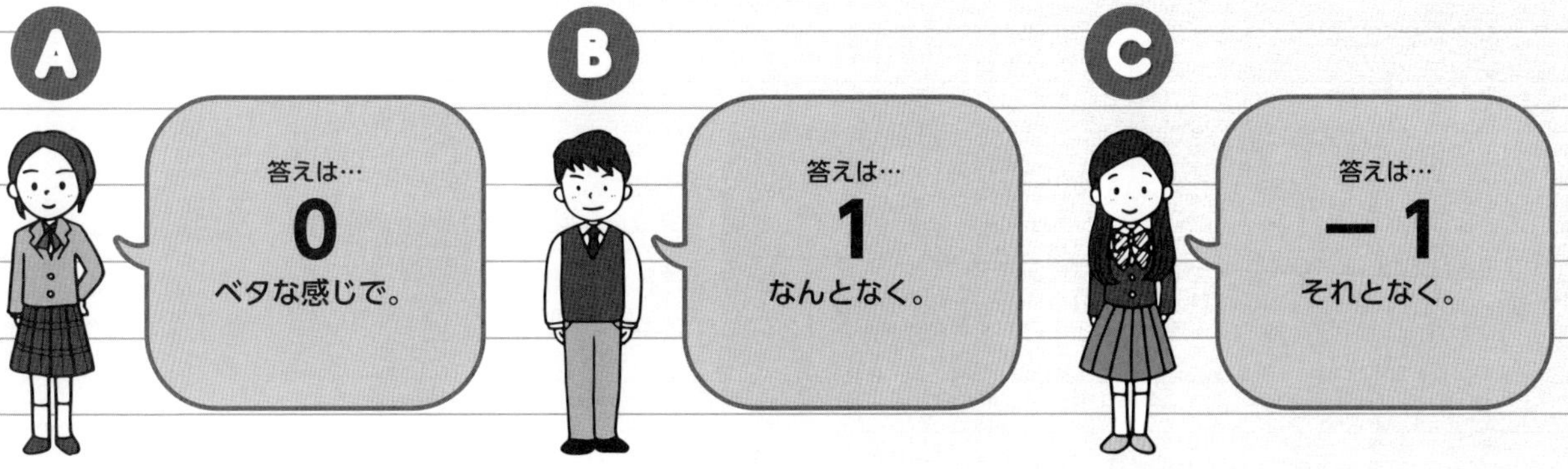
A
答えは…
0
ベタな感じで。
B
答えは…
1
なんとなく。
C
答えは…
−1
それとなく。

上級

正解はA

この問題を解くコツは%から分数にすること。

その方が視覚的にイメージしやすいので、わかりやすいと思います。

問題文を以下の線分図で表してみました。

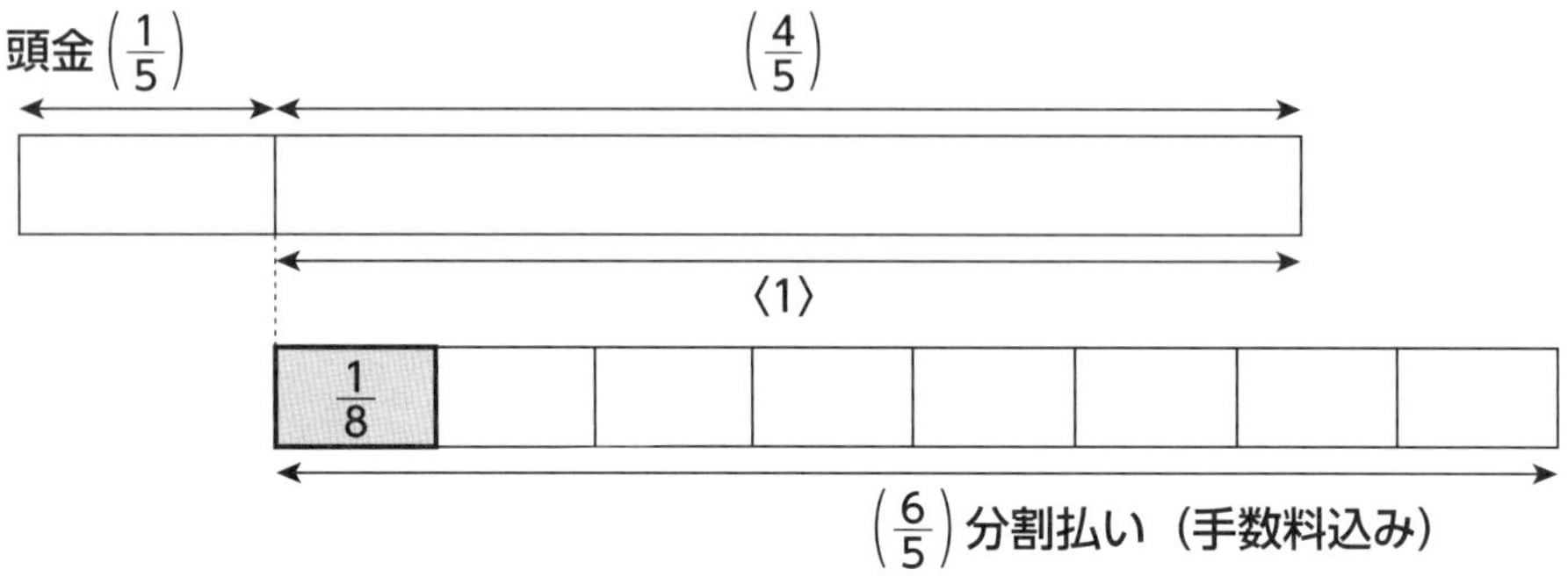
頭金$\left(\frac{1}{5}\right)$
$\left(\frac{4}{5}\right)$
〈1〉
$\frac{1}{8}$
$\left(\frac{6}{5}\right)$分割払い（手数料込み）

購入金額をA円と定めると、頭金は…$\frac{1}{5}$A円

この時点で残金が…$\frac{4}{5}$A円

これに手数料として残額の20%、つまり$\frac{4}{5}A\times\frac{1}{5}=\frac{4}{25}$A円を加えて8回の分割払いとしますから、

1回の支払いは$\left(\frac{4}{5}A+\frac{4}{25}A\right)\times\frac{1}{8}=\frac{3}{25}$A円になります。

というわけで、購入額の$\frac{3}{25}$倍になります。

A
やったね!!
B
分数の計算をミスしたんじゃない？
C
分割払いの手数料を忘れてないかな？

中級

正解は C

残りの子どもの性別ではなく、２人の子どもの性別を考えます。まず、２人の子どもをTさん、Sさんとします。すると（T、S）は（男、男）（男、女）（女、男）（女、女）の４通りがあります。ここで、２人のうち１人が男の子という情報から、(T、S）のうち（女、女）の１通りが消えます。つまり残った組み合わせは（男、男）（男、女）（女、男）の３通り。そのなかで１人が女の子ですから（T、S）は（男、女）（女、男）の２通りになります。つまり３通り中の２通りがあてはまるので、求める確率は$\frac{2}{3}$となります。詳しくは高１の"条件付き確率"で習います。

ちなみに、Cさんの発言にある「適当」とは、数学では「正しく当てはまる」という意味です。「いい加減に」の方の意味ではありませんので注意してください。

A
それじゃ問題にならないでしょ！
B
残念！　ちょっと惜しかったね。
C
やったね!!

初級

正解は C

ガウス記号は小数点以下を切り捨てた整数、"切り捨て"なんです。
捨てるので数値は減るイメージです。
つまり、$\pi=3.1415\cdots$ですから $[\pi]=[3.1415\cdots]=3$
$[-\pi]=[-3.1415\cdots]=-4$
となりますから、$[-\pi]+[\pi]=-4+3=-1$です。

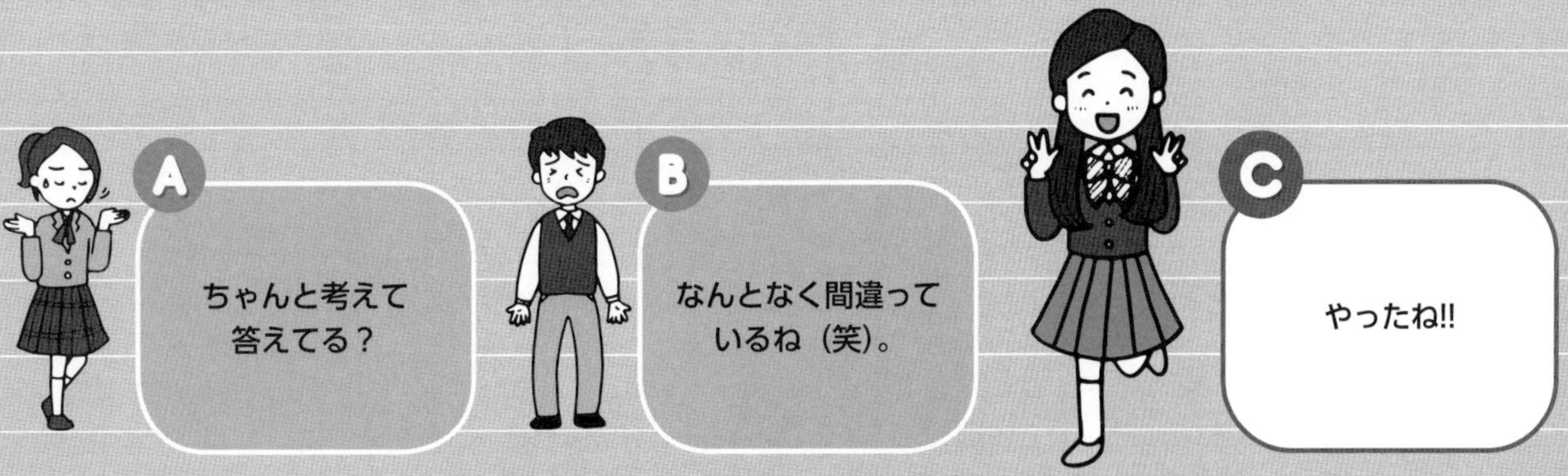
A
ちゃんと考えて答えてる？
B
なんとなく間違っているね（笑）。
C
やったね!!

「歩く」とはこんなにも大変なことだったのか。

今月の1冊

『四《し》肢《し》奮《ふん》迅《じん》』

著／乙武洋匡
刊行／講談社
価格／1500円＋税

みんなは乙武洋匡《おとたけひろただ》さんを知っているかな。大学3年生だった2000年にベストセラーとなる『五体不満足』という本を書いた人だ。「五体満足」という言葉なら知っているけど、五体「不満足」とはどういうことだろう。じつは、乙武さんは生まれつき四肢が欠損している人なんだ。上肢は肩の先が少し、下肢は太ももの半分ぐらいがある程度だ。

ベストセラーを生み出したころ、独特の電動車いすに上半身だけを乗せてマスメディアに登場した乙武さんは、おとちゃんの愛称で一躍、時代の寵児《ちょうじ》としてもてはやされた。

その後のおとちゃんはスポーツライター、小学校教諭、東京都教育委員を務めるなど多忙を極めていたのだが、ある日突然、自ら招いたスキャンダルのために人生が一変、世間から姿を消すことになってしまった。

逃げ出すように海外に滞在したあと日本に戻った、ちょうどその機に舞い込んだオファーが「乙武洋匡サイボーグ化計画」だ。これは「五体不満足」のおとちゃんに義足で歩いてもらおうという計画だった。

それからの悪戦苦闘ぶりは本書に詳しいが「1つ目は両膝がないこと、2つ目は両手がないこと、3つ目は歩いた経験がないこと、という三重苦」に戦いを挑み、少しずつ、ほんの少しずつおとちゃんは歩き続けた。

おとちゃんをサポートした義足作りの名手や理学療法士、おとちゃんのマネージャー、そして「私が歩くことで、障がいがある人にもない人にも、希望を届けられるなら」というおとちゃんの不屈の闘志とが、互いにつながりあった2年間。

義足を履いて身長160㎝余になったおとちゃんが、2年間かかってたどりついたのは20m先のゴールだったが、これを「たった」と思うのか、「ついに」と読むのかは君に任せたい。

ただ、おとちゃんは言う「これがフィナーレじゃない」。

そして「苦しくて、苦しくて、そして楽しい」のが、初めて挑んだ「足で歩く」ことだったと。

行って、見て、楽しむ

イベント掲示板

1月～3月

1 バルセロナで生まれた芸術の数々

奇蹟の芸術都市　バルセロナ

2月8日(土)～4月5日(日)
東京ステーションギャラリー

世界遺産「サグラダ・ファミリア」をはじめ、グルメ、スポーツなど、様々な観光資源で世界的に有名な都市、スペイン・バルセロナは、独特の芸術文化を形成してきた街でもあります。その街の芸術がもっとも成熟した1850年代～1930年代に焦点をあて、絵画、彫刻、宝飾品など約130点とともに当時の街の熱気を伝える展覧会です。 P 5組10名様

2 家具や工芸品が好きな人におすすめ

モダンデザインが結ぶ暮らしの夢展

1月11日(土)～3月22日(日)
パナソニック汐留美術館

ドイツ人建築家ブルーノ・タウトは、昭和初期に来日し、椅子や照明器具といった生活用品が日本で量産されるにあたり、モダンデザインの基礎を日本人に指導しました。本展はタウトの作品はもちろん、彼から指導を受けた剣持勇をはじめとするデザイナー、建築家の作品を一挙に公開。とくに彼らが設計した名作椅子約35点は必見です。 P 5組10名様

3 異彩を放つ、静謐な世界観

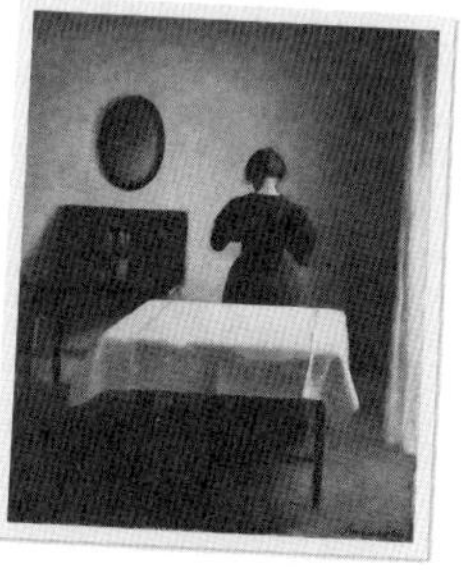

ハマスホイとデンマーク絵画

1月21日(火)～3月26日(木)
東京都美術館

静謐《せいひつ》な室内描写を得意としたデンマークを代表する画家、ヴィルヘルム・ハマスホイ。人々を魅了した日本初の展覧会から12年、彼の作品を再び堪能できる機会がやってきました。19世紀デンマークの絵画もあわせて紹介され、幸福の国として名高い同国に息づく「ヒュゲ（くつろいだ、心地よい雰囲気）」を体感できます。 P 5組10名様

4 鉄道ファン必見のお宝アイテム大集合

特別展　天空ノ鉄道物語

12月3日(火)～3月22日(日)
森アーツセンターギャラリー＆スカイギャラリー

全国の鉄道会社全面協力のもと開催される本展は、鉄道系博物館でもめったに見ることができない数多くのヘッドマーク（※）や時刻表、寝台特急「トワイライトエクスプレス」の原寸大レプリカといった、貴重なアイテムがそろいます。そのほか、最新テクノロジーによる「天空駅」の出現、オリジナル駅弁・グッズ販売など、見所満載となっています。

※列車の先頭部に掲げる飾り看板

1 ルマー・リベラ《夜会のあとで》1894年頃、カタルーニャ美術館　©Museu Nacional d'Art de Catalunya, Barcelona (2019)　**2** 剣持勇《柏戸椅子 T-7165》1961年、松戸市教育委員会蔵
3 ヴィルヘルム・ハマスホイ《室内》1898年 スウェーデン国立美術館蔵 Nationalmuseum, Stockholm / Photo: Nationalmuseum

招待券プレゼント Pマークのある展覧会・イベントの招待券をプレゼントします。101ページ「パズルでひといき」にあるQRコードから、または巻末（104ページ）のFAX送信用紙でご応募ください（応募締切2020年2月15日）。当選者の発表は賞品の発送をもってかえさせていただきます。

10月号の答えと解説

問題　ワードサーチ（単語探し）

リストにある英単語を、下の枠のなかから探し出すパズルです。単語は、例のようにタテ・ヨコ・ナナメの方向に一直線にたどってください。下から上、右から左へと読む場合もあります。また、１つの文字が２回以上使われていることもあります。パズルを楽しみながら、「住まい」に関する単語を覚えましょう。

最後に、リストのなかにあって、枠のなかにない単語が１つだけありますので、それを答えてください。

W	H	R	W	X	N	B	I	V	Z	B	C
A	F	O	O	R	T	E	P	R	A	C	G
L	I	E	D	C	A	L	H	S	J	S	D
L	Q	G	N	I	L	I	E	C	H	M	E
P	E	D	I	C	F	M	P	E	T	A	G
A	B	G	W	S	E	O	N	G	Q	I	B
P	N	C	L	N	V	O	A	T	D	Y	K
E	R	U	T	I	N	R	U	F	S	C	S
R	P	R	W	E	A	D	G	L	L	Q	E
K	C	T	S	G	L	E	U	O	E	K	D
E	O	A	E	M	V	B	S	O	F	A	O
G	J	I	F	B	S	E	A	R	Z	C	E
X	H	N	I	D	T	R	H	T	A	M	F

【単語リスト】
basement（地下室）
bedroom（寝室）
carpet（じゅうたん・カーペット）
ceiling（天井）
closet（納戸・クローゼット）
curtain（カーテン）
desk（机）
fence（垣根・フェンス）
floor（床）
furniture（家具）
garage（車庫・ガレージ）
gate（門）
kitchen（台所）
roof（屋根）
shelf（棚）
sofa（ソファー）
table（テーブル）
vase（花びん）【例】
wallpaper（壁紙）
window（窓）

解答　shelf（棚）

解説

W	H	R	W	X	N	B	I	V	Z	B	C
A	F	O	O	R	T	E	P	R	A	C	G
L	I	E	D	C	A	L	H	S	J	S	D
L	Q	G	N	I	L	I	E	C	H	M	E
P	E	D	I	C	F	M	P	E	T	A	G
A	B	G	W	S	E	O	N	G	Q	I	B
P	N	C	L	N	V	O	A	T	D	Y	K
E	R	U	T	I	N	R	U	F	S	C	S
R	P	R	W	E	A	D	G	L	L	Q	E
K	C	T	S	G	L	E	U	O	E	K	D
E	O	A	E	M	V	B	S	O	F	A	O
G	J	I	F	B	S	E	A	R	Z	C	E
X	H	N	I	D	T	R	H	T	A	M	F

解答のshelf（棚）の複数形はshelves。「棚状のもの」の意味もあり、大陸棚はa continental shelfといいます。

アメリカの一般的な一戸建て住宅（house）は２階建て（two-story）で、地下室（basement）があり、１階（the first floor、イギリス英語ではthe ground floor）に居間（living room）、食堂（dining room）、台所（kitchen）、２階（the second floor、イギリス英語ではthe first floor）に寝室（bedroom）があるのが普通です。ここで、basementのbaseは、（物・建物の）土台を表し、基盤、（論理などの）基礎という意味もあります。

日本では、小さな集合住宅をアパート、大きな集合住宅をマンションと呼んで区別することが多いのですが、英語ではどちらもapartmentといい、mansionは大金持ちの豪邸、大邸宅を表すので注意が必要です。

また、住宅の増改築、内部の改装することをリフォームといいますが、英語のreformは「改革する」「改正する」の意味になり、日本語のリフォームの意味を表す英語はrenovate（修理する・改修する）やrenovationが適当です。

10月号パズル当選者（全正解者20名）

岡田　涼香さん（中１・神奈川県）　山本　有紗さん（中２・神奈川県）　高橋　幹成さん（中３・東京都）

解いてすっきり

パズルでひといき

今月号の問題

漢字ボナンザグラム

空いているマスに漢字を入れて三字・四字熟語を完成させてください。ただし、同じ番号のマスには同じ漢字が入ります。最後に［二重枠］に入る四字熟語を答えてください。

5	9	2	12
3	日	10	秋
4	肉	4	背
海	10	12	10
7	13	5	質
記	1	6	9
吟	2	詩	11
統	3	9	解

14	商	11
園	2	6
後	9	11
12	火	8
当	8	1
4	13	生
7	合	5
他	11	8

10	載	3	遇
第	3	11	1
東	12	文	7
4	心	11	5
3	期	3	6
年	4	14	8
社	6	9	13
武	1	修	14

1	2	3	4	5	6	7
8	9	10	11	12	13	14

今月のプレゼント！

細かく消せるペン型消しゴム

筆箱のなかでかさばらない、スリムなデザインのペン型消しゴム、「**モノスティック**」（トンボ鉛筆）。ノートの罫線に合わせた幅で、1文字から消しやすいのが特徴です。詰め替え用ゴムがあり、経済的なのも嬉しいポイント。

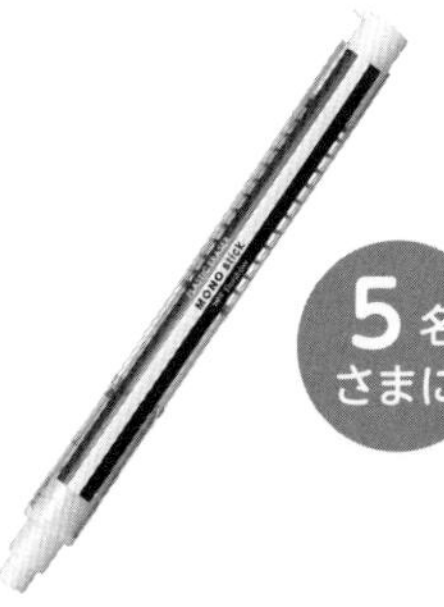

5名さまに

応募方法

左のQRコードまたは104ページからご応募ください。

◎正解者のなかから抽選で5名の方に右の「**モノスティック**」をプレゼントいたします。

◎当選者の発表は本誌2020年4月号誌上の予定です。

◎**応募締切日 2020年2月15日**

読者が作る　おたよりの森

テーマ
入試まで○○断ちします！

遅寝遅起き。早寝早起きの方が学習内容が頭に入ってくる！
（中２・東京のみどりさん）

ついつい続きが気になって**漫画**を何冊も読んじゃうので、目につかないように押し入れにしまい、受験が終わるまでは取り出さないことにした！
（中３・とんすけさん）

SNS！　いつも見てしまって、ログアウトしてもまたすぐログインしてしまうから、早いけどいまのうちからSNSを絶っていきたい。じゃないと中3になったら困る（笑）。
（中２・ライオンズさん）

ドラマを見るのをやめます。１回見ると、最終回まで見続けてしまうので、録画だけしておいて、入試が終わったら見ます！
（中３・I.R.さん）

炭酸ジュースが大好きでよく飲んでいたけど、願かけのつもりで入試まで飲むのをやめます！　かわりにしばらくはお茶生活！
（中３・TEAさん）

タピオカ断ちします！　よく友だちといっしょに並んで買いに行っていたけど、これからはその時間を勉強にあてます。
（中３・ふっちーさん）

テーマ
最近見た楽しい夢

道を歩いていると兄が来ました。話しかけるととても驚いた顔をしました。なんとぼくは**イヌ**になっていました！　日本語は話せたので必死に兄に説明していっしょに家に帰りました。
（中３・犬になったぼくさん）

巨大パフェに挑戦する夢を見ました。あと少しで完食というところで目がさめたのですが、起きたときなんとなくお腹がいっぱいだったのが不思議です。
（中１・パフェが好きさん）

なぜか**自分がアリ**になってる夢を見た。見るものすべてが超巨大化しててすごいおもしろかった。
（中１・アリ田さん）

遠くに引っ越してしまった**友人と会う**夢を見ました！　びっくりしたのは、翌日その友人から久々に連絡がきたこと。正夢ってあるんですね。
（中１・りょんりょんさん）

テーマ
幼いころ好きだった絵本

『しんせつなともだち』という絵本が昔から大好きです。友だち思いの動物たちのお話なのですが、自分の周りの人に優しくしようという気持ちになれるので、ときどき読み返しています。
（中３・もこもこくつしたさん）

『ぐりとぐら』。ぐりもぐらもかわいくて大好きな絵本でした。出てくるカステラもおいしそうだし、私も、ぐり・ぐらたちといっしょに食べたいな～って思っていました。
（中１・ぐりぐらぐりぐらさん）

小さいころは**『ミッケ！』**とか**『ウォーリーをさがせ！』**みたいな、色々なものを探す絵本が気に入っていて、ほっとくと何時間でも熱中して見ていたらしい。
（中２・ウェンダさん）

『うさこちゃん』の絵本シリーズ！　あのバッテンの鼻と口がかわいいですよね！
（中２・F.K.さん）

必須記入事項

名前／ペンネーム／学年／郵便番号／住所／本誌をお読みになっての感想／投稿テーマ／投稿内容

右のQRコードからケータイ・スマホでどしどしお寄せください！
住所・氏名は正しく記入してください

Present!!　掲載された方には抽選で３名に**図書カード**をお届けします！（500円相当）

募集中のテーマ

春休みにやりたいこと
あったらいいなこんな自販機
高校で入りたい部活動

応募〆切2020年２月15日

ここから応募してね！

ケータイ・スマホから上のQRコードを読み取って応募してください。

掲載にあたり一部文章を整理することもございます。個人情報については、図書カードのお届けにのみ使用し、その他の目的では使用いたしません。

夢が広がる高校選びの情報満載！

Success15

2月号

表紙：お茶の水女子大学附属高等学校

FROM EDITORS 編集室から

ついに東京オリンピック・パラリンピックが開催される2020年が始まりました。どんな盛り上がりを見せるのか、いまからワクワクしますね。さて、今回の特集では「お札」に盛り込まれた様々な技術を紹介しています。お正月にお年玉をもらった人も多いと思うので、ぜひ手元にお札を用意しながら読んでみてください。私も初めて知った知識がたくさんあり、改めて「日本の技術はすごい！」と感動しました。今年も色々な特集をお届けしていく予定なので、楽しみにしていてくださいね。そして、最後になりましたが、受験生のみなさんが入試で自分の力を最大限発揮できるよう、編集部一同応援しています。みなさんの桜が咲きますように。　（T）

Next Issue　4月号

Special 1

どうなる？ こうなる！ 東京都のスピーキングテスト

Special 2

魅力度で選ぶ 都道府県ベスト5

Special School Selection

筑波大学附属高等学校

公立高校 WATCHING

東京都立国際高等学校

突撃スクールレポート

國學院高等学校

研究室にズームイン

立教大学 亀田真吾教授

※特集内容は変更されることがあります。

Information

『サクセス15』は全国の書店にてお買い求めいただけますが、万が一、書店店頭に見当たらない場合は、書店にてご注文いただくか、弊社販売部、もしくはホームページ（104ページ下記参照）よりご注文ください。送料弊社負担にてお送りします。定期購読をご希望いただく場合も、上記と同様の方法でご連絡ください。

Opinion, Impression & ETC

本誌をお読みになられてのご感想・ご意見・ご提言などがありましたら、104ページ下記のあて先より、ぜひ当編集室までお声をお寄せください。また、「こんな記事が読みたい」というご要望や、「こういうときはどうしたらいいの」といったご質問などもお待ちしております。今後の参考にさせていただきますので、よろしくお願いいたします。

サクセス編集室 お問い合わせ先

TEL : 03-5939-7928　FAX : 03-3253-5945

今後の発行予定

3月15日	8月15日
2020年4月号	夏・増刊号
5月15日	9月15日
2020年6月号	2020年10月号
7月15日	10月15日
2020年8月号	秋・増刊号

FAX送信用紙

※封書での郵送時にもコピーしてご使用ください。

101ページ「漢字ボナンザグラム」の答え	99ページ「招待券プレゼント」 1. 奇蹟の芸術都市 バルセロナ 2. モダンデザインが結ぶ暮らしの夢展 3. ハマスホイとデンマーク絵画 (いずれかを選んで○をしてください)

氏名

学年

住所（〒　　　－　　　　）

電話番号

（　　　　　）

現在、塾に

通っている　・　通っていない

通っている場合

塾名

（校舎名　　　　　　）

面白かった記事には○を、つまらなかった記事には×をそれぞれ３つずつ（　　）内にご記入ください。

（　）02 さあ挑戦だ！入試直前！受験生が「いま」できること
（　）14 日本が誇る技術の結集「紙幣」のすごさ知っていますか？
（　）20 Special School Selection お茶の水女子大学附属高等学校
（　）26 公立高校WATCHING 千葉県立東葛飾高等学校
（　）30 突撃スクールレポート 淑徳与野高等学校
（　）32 Grow up　伸びてる都立
（　）39 スクペディア 東京農業大学第三高等学校
（　）40 スクペディア 武蔵野大学高等学校
（　）41 スクペディア 千葉日本大学第一高等学校
（　）42 2020年度入試直前展望
（　）56 和田式受験コーチング
（　）58 高校受験質問箱
（　）60 レッツトライ！　入試問題
（　）62 高校入試用語辞典
（　）65 中学生の未来のために！大学入試ここがポイント
（　）66 東大入試突破への現代文の習慣
（　）70 高校での学習はこう変わる！～英語編～
（　）72 キャシーのワクワク東大ライフ
（　）74 キャンパスデイズ十人十色
（　）76 研究室にズームイン 慶應義塾大学　野崎 貴裕 先生
（　）85 ちょっと得する読むサプリメント
（　）86 マナビー先生の最先端科学ナビ
（　）88 ミステリーハンターQのタイムスリップ歴史塾
（　）89 ピックアップニュース！
（　）90 名字の豆知識
（　）92 サクセス映画館
（　）93 サクセス印のなるほどコラム
（　）94 数学ランドへようこそ
（　）98 Success Book Review
（　）99 行って、見て、楽しむ イベント掲示板
（　）100 解いてすっきり パズルでひといき
（　）102 読者が作る　おたよりの森

FAX.03-3253-5945 FAX番号をお間違えのないようお確かめください

サクセス15の感想

高校受験ガイドブック2020 2　Success15

発　行：2020年1月15日 初版第一刷発行
発行所：株式会社グローバル教育出版　〒101-0047 東京都千代田区内神田2-5-2 信交会ビル3F
ＴＥＬ：03-3253-5944
ＦＡＸ：03-3253-5945
Ｈ　Ｐ：http://success.waseda-ac.net/
e-mail：success15@g-ap.com

郵便振替口座番号：00130-3-779535
編　集：サクセス編集室
編集協力：株式会社 早稲田アカデミー

【個人情報利用目的】ご記入いただいた個人情報は、プレゼントの発送およびアンケート調査の結果集計に利用させていただきます。